○公契約における労働条項に関する条約（第94号）（日本は未批准、仮訳）

　国際労働機関の総会は、国際労働事務局の理事会によつてジユネーヴに招集され、且つ千九百四十九年六月八日を以てその第三十二回会議を開催し、この会議の会議事項の第六項目である公契約における労働条項に関する提案の採択を決議し、且つこの提案は条約の形式によるべきものなることを決定したので、千九百四十九年の労働条項（公契約）条約として引用することができる次の条約を千九百四十九年六月二十九日に採択する。

第　一　条
1　この条約は、次の条件を充す契約に適用する。
　(a)　契約の当事者の少くとも一方は公の機関であること。
　(b)　契約の履行は次のものを伴うこと。
　　(i)　公の機関による資金の支出　及び
　　(ii)　契約の他方当事者による労働者の使用
　(c)　契約は次のものに対する契約であること。
　　(i)　土木工事の建設、変更、修理若しくは解体
　　(ii)　材料、補給品若しくは装置の製作、組立、取扱若しくは発送　又は
　　(iii)　労務の遂行若しくは提供　並びに
　(d)　契約は条約が実施される国際労働機関の加盟国の中央機関により査定されること。
2　権限のある機関は、条約が中央機関以外の機関により査定される契約に適用されるべき程度及び方法を定めなければならない。
3　この条約は、下請負業者又は契約の受託者により行われる作業に適用する。かかる適用を確保するため権限のある機関は、適当な措置を講じなければならない。
4　権限のある機関が関係ある使用者団体及び労働者団体（各団体の存在する場合）と協議の上定める限度を超えない額の公の資金の支出を伴う契約は、この条約の適用から除外することができる。
5　権限のある機関は、関係ある使用者団体及び労働者団体と協議の上、管理の地位を占める者又は技術的、専門的若しくは科学的性質を有する者であつて、労働条件が国内の法令若しくは規則、労働協約又は仲裁裁定により規律されず且つ通常筋肉労働を行わないものをこの条約の適用から除外することができる。

第　二　条
1　この条約の適用をうける契約は、当該労働が行われる地方において関係ある職業又は産業における同一性質の労働に対し次のものにより定められているものに劣らない有利な賃金（手当を含む。）、労働時間その他の労働条件を関係労働者に確保する条項を包含しなければならない。
　(a)　関係ある職業又は産業における使用者及び労働者の大部分を夫々代表する使用者団体及び労働者団体の代表者間の労働協約その他の承認された交渉機関により、
　(b)　仲裁裁定により、又は
　(c)　国内の法令又は規則により
2　当該労働が行われる地方において前項に掲げられる労働条件が同項に掲げられる方法をもつて規制されない場合には、契約中に挿入される条項は、右のものに劣らない有利な賃金（手当を含む。）、労働時間その他の労働条件を関係労働者に確保するものでなければならない。
　(a)　最も近くの適当な地方において関係ある職業又は産業における同一性質の労働に対し労働協約若しくはその他の公認交渉機関、仲裁又は国内の法令若しくは規則により定められるもの
　(b)　契約者が従事する職業又は産業において、一般事情が類似している使用者により遵守される一般水準
3　契約に挿入されるべき条項の条件及びこれが変更は、権限のある機関が関係ある使用者及び労働者

の団体（かかる団体が存在する場合）と協議の上、国内事情に最も適当すると認められる方法でこれを決定しなければならない。

4　権限のある機関は、広告による明細書その他により、契約申込者に当該条項の条件を知悉させることを確保するため適当の措置を講じなければならない。

第 三 条

契約の履行に従事する労働者の健康、安全及び福利に関する適当の規定が国内の法令若しくは規則、労働協約又は仲裁裁定によりいまだ適用されない場合には、権限のある機関は、関係労働者に対する公平にして合理的な健康、安全及び福利の条件を確保するため充分な措置を講じなければならない。

第 四 条

この条約の規定を実施する法令、規則又はその他の手段は、
　(a)(i)　すべての関係者に知らしめなければならず、
　　(ii)　これが遵守に付責任ある者を定めなければならず、且つ
　　(iii)　労働者にその労働条件を知らせるため関係ある設備及び作業場において見易き箇所に掲示することを要求しなければならない。
　(b)　有効な実施を確保するためその他の措置が実施されている場合を除き、
　　(i)　関係労働者が労働する時間及びこれに支払われる賃金の適当な記録の保存について規定しなければならない。
　　(ii)　有効な実施を確保するに充分な監督制度の維持について規定しなければならない。

第 五 条

1　公契約における労働条項の規定の遵守及び適用を怠る場合について、契約の手控えその他により適当の制裁を適用しなければならない。
2　関係労働者をしてその正当の賃金を受けることを得しめるため、契約の下における支払手控えその他の方法により適当の措置を講じなければならない。

第 六 条

国際労働機関憲章第二十二条により提出される年次報告には、この条約を実施する措置に関する充分な情報を包含させねばならない。

第 七 条

1　人口の稀薄又は地域の発達段階のために権限のある機関がこの条約の規定を実施すること不可能と認める広い地域を含む領域を有する加盟国については、右機関は、関係ある使用者及び労働者の団体と協議の上（かかる団体が存在するときは）、その適当と認める特定の企業又は業務に関し一般的に又は例外を付して、この条約の適用よりかかる地域を除外することができる。
2　各加盟国は、国際労働機関憲章第二十二条により提出するこの条約の適用に関するその最初の年次報告において、この条の規定を援用せんとする地域を指摘し、且つこれを援用せんとする理由を示さなければならない。いかなる加盟国も、その年次報告の日付以後、かくの如く指摘した地域を除いては、この条の規定を援用することはできない。
3　この条の規定を援用する各加盟国は、三年を超えない期間において、関係ある使用者及び労働者の団体と協議の上（かかる団体が存在するときは）、1により除外される地域にこの条約の適用を拡張する可能性を再考慮しなければならない。
4　この条の規定を援用する各加盟国は、爾後の年次報告においてこの条の規定を援用する権利を放棄する地域と、かかる地域における条約の漸次的適用の目的を以て行われた進歩の程度とを指摘しなければならない。

第八条

　この条約の規定の実施は、権限のある機関が関係ある使用者及び労働者の団体と協議の上（かかる団体が存在するときは）、不可抗力の場合、又は国の福利若しくは安全を危殆ならしめる緊急の場合において一時これを停止することができる。

第九条

1　この条約は、関係加盟国に対する条約の効力発生前に締結された契約には適用しない。
2　この条約の廃棄は、条約の実施中締結された契約に関するその適用に影響を及ぼさないものとする。

第十条

　この条約の正式の批准書は、登録のため国際労働事務局長に送付するものとする。

第十一条

1　この条約は、国際労働機関の加盟国でその批准を国際労働事務局長が登録したもののみを拘束する。
2　この条約は、二加盟国の批准が事務局長により登録された日の後十二箇月で効力を生ずる。
3　その後は、この条約は、他のいずれの加盟国についても、その批准が登録された日の後十二箇月で効力を生ずる。

第十二条

1　国際労働機関憲章第三十五条2の規定に従つて国際労働事務局長に通知する宣言は、次の事項を示さなければならない。
　　(a)　当該加盟国がこの条約の規定を変更を加えずに適用することを約束する地域
　　(b)　当該加盟国がこの条約の規定を変更を加えて適用することを約束する地域及びその変更の細目
　　(c)　この条約を適用することができない地域及びその適用することができない理由
　　(d)　当該加盟国がさらに事情を検討する間決定を留保する地域
2　前項(a)及び(b)に掲げる約束は、批准の不可分の一部とみなされ、かつ、批准と同一の効力を有する。
3　加盟国は、1(b)、(c)又は(d)に基きその最初の宣言において行つた留保の全部又は一部をその後の宣言によつていつでも取り消すことができる。
4　加盟国は、第十四条の規定に従つてこの条約を廃棄することができる期間中はいつでも、前の宣言の条項を他の点について変更し、かつ、指定する地域に関する現況を述べた宣言を事務局長に通知することができる。

第十三条

1　国際労働機関憲章第三十五条4又は5の規定に従つて国際労働事務局長に通知する宣言は、当該地域内でこの条約の規定を変更を加えずに適用するか又は変更を加えて適用するかを示さなければならない。その宣言は、この条約の規定を変更を加えて適用することを示している場合には、その変更の細目を示さなければならない。
2　関係のある一若しくは二以上の加盟国又は国際機関は、前の宣言において示した変更を適用する権利の全部又は一部をその後の宣言によつていつでも放棄することができる。
3　関係のある一若しくは二以上の加盟国又は国際機関は、第十四条の規定に従つてこの条約を廃棄することができる期間中はいつでも、前の宣言の条項を他の点について変更し、かつ、この条約の適用についての現況を述べた宣言を国際労働事務局長に通知することができる。

第 十 四 条

1 この条約を批准した加盟国は、この条約が最初に効力を生じた日から十年の期間の満了の後は、登録のため国際労働事務局長に通知する文書によつてこの条約を廃棄することができる。廃棄は、その廃棄が登録された日の後一年間は効力を生じない。
2 この条約を批准した加盟国で前項に掲げる十年の期間の満了の後一年以内にこの条に定める廃棄の権利を行使しないものは、さらに十年の期間この条約の拘束を受けるものとし、その後は、この条に定める条件に基いて、十年の期間が経過するごとにこの条約を廃棄することができる。

第 十 五 条

1 国際労働事務局長は、国際労働機関の加盟国から通知を受けたすべての批准、宣言及び廃棄の登録を国際労働機関のすべての加盟国に通告しなければならない。
2 事務局長は、通知を受けた二番目の批准の登録を国際労働機関の加盟国に通告する際に、この条約が効力を生ずる日について加盟国の注意を喚起しなければならない。

第 十 六 条

国際労働事務局長は、前条までの規定に従つて登録されたすべての批准書、宣言書及び廃棄書の完全な明細を国際連合憲章第百二条の規定による登録のため国際連合事務総長に通知しなければならない。

第 十 七 条

国際労働機関の理事会は、この条約が効力を生じた後十年の期間が経過するごとにこの条約の運用に関する報告を総会に提出し、かつ、この条約の全部又は一部の改正に関する問題を総会の議事日程に加えることの可否を審議しなければならない。

第 十 八 条

1 総会がこの条約の全部又は一部を改める改正条約を新たに採択する場合には、その改正条約に別段の規定がない限り、
　(a) 加盟国による改正条約の批准は、改正条約の効力発生を条件として、第十四条の規定にかかわらず、当然この条約の即時廃棄を伴う。
　(b) 加盟国によるこの条約の批准のための開放は、改正条約が効力を生ずる日に終了する。
2 この条約は、これを批准した加盟国で改正条約を批准していないものについては、いかなる場合にも、その現在の形式及び内容で引き続き効力を有する。

第 十 九 条

この条約の英語及びフランス語による本文は、ともに正文とする。

○野田市公契約条例

平成21年9月30日
野田市条例第25号

　地方公共団体の入札は、一般競争入札の拡大や総合評価方式の採用などの改革が進められてきたが、一方で低入札価格の問題によって下請の事業者や業務に従事する労働者にしわ寄せがされ、労働者の賃金の低下を招く状況になってきている。

　このような状況を改善し、公平かつ適正な入札を通じて豊かな地域社会の実現と労働者の適正な労働条件が確保されることは、ひとつの自治体で解決できるものではなく、国が公契約に関する法律の整備の重要性を認識し、速やかに必要な措置を講ずることが不可欠である。

　本市は、このような状況をただ見過ごすことなく先導的にこの問題に取り組んでいくことで、地方公共団体の締結する契約が豊かで安心して暮らすことのできる地域社会の実現に寄与することができるよう貢献したいと思う。

　この決意のもとに、公契約に係る業務の質の確保及び公契約の社会的な価値の向上を図るため、この条例を制定する。

(目的)
第1条　この条例は、公契約に係る業務に従事する労働者の適正な労働条件を確保することにより、当該業務の質の確保及び公契約の社会的な価値の向上を図り、もって市民が豊かで安心して暮らすことのできる地域社会を実現することを目的とする。

(定義)
第2条　この条例において、次の各号に掲げる用語の意義は、当該各号に定めるところによる。
　(1)　公契約　市が発注する工事又は製造その他についての請負の契約及び野田市公の施設の指定管理者の指定の手続等に関する条例(平成21年野田市条例第7号)第6条第1項の規定により市長又は教育委員会が締結する公の施設の管理に関する協定(以下「指定管理協定」という。)
　(2)　受注者　第4条に規定する公契約を市と締結した者
　(3)　下請負者　下請その他いかなる名義によるかを問わず、市以外の者から第4条に規定する公契約に係る業務の一部について請け負った者
　(4)　請負労働者　自らが提供する労務の対価を得るために公契約に係る業務の一部についての請負の契約により当該公契約に係る業務に従事する者で次のいずれにも該当するものであって、労働基準法(昭和22年法律第49号)第9条に規定する労働者と同視すべきものとして市長が認めるもの
　　ア　当該公契約に係る業務に使用する資材の調達を自ら行わない者
　　イ　当該公契約に係る業務に使用する建設機械その他の機械を持ち込まない者
　(5)　賃金等　労働基準法第11条に規定する賃金及び請負労働者の収入
(平22条例24・平24条例26・一部改正)

(受注者等の責務)
第3条　受注者、下請負者及び労働者派遣事業の適正な運営の確保及び派遣労働者の保護等に関する法律(昭和60年法律第88号。以下「法」という。)の規定に基づき受注者又は下請負者に労働者を派遣

する者(以下「受注者等」という。)は、法令等を遵守し、労働者の適正な労働条件を確保することはもとより、公契約に関係する責任を自覚し、公契約に係る業務に従事する者が誇りを持って良質な業務を実施することができるよう、労働者の更なる福祉の向上に努めなければならない。
(平24条例26・平25条例4・一部改正)

(公契約の範囲)
第4条　この条例が適用される公契約は、一般競争入札、指名競争入札又は随意契約の方法により締結される契約であって、次に掲げるもの及び全ての指定管理協定とする。
　(1)　予定価格が4,000万円以上の工事又は製造の請負の契約
　(2)　予定価格が1,000万円以上の工事又は製造以外の請負の契約のうち、市長が別に定めるもの
　(3)　前号に定めるもののほか、工事又は製造以外の請負の契約のうち、市長が適正な賃金等の水準を確保するため特に必要があると認めるもの
(平22条例24・平23条例25・平24条例26・平26条例16・一部改正)

(労働者の範囲)
第5条　この条例の適用を受ける労働者(以下「適用労働者」という。)は、前条に規定する公契約に係る業務に従事する労働基準法第9条に規定する労働者(同居の親族のみを使用する事業又は事務所に使用される者、家事使用人及び最低賃金法(昭和34年法律第137号)第7条の規定の適用を受ける者を除く。第15条において同じ。)であって、次の各号のいずれかに該当するもの及び前条に規定する公契約に係る請負労働者とする。
　(1)　受注者に雇用され、専ら当該公契約に係る業務に従事する者
　(2)　下請負者に雇用され、専ら当該公契約に係る業務に従事する者
　(3)　法の規定に基づき受注者又は下請負者に派遣され、専ら当該公契約に係る業務に従事する者
(平22条例24・平24条例26・一部改正)

(適用労働者の賃金等)
第6条　受注者等は、適用労働者に対し、次に定める1時間当たりの賃金等の最低額以上の賃金等を支払わなければならない。
　(1)　工事又は製造の請負の契約　契約を締結した日の属する年度の農林水産省及び国土交通省が公共工事の積算に用いるため決定した公共工事設計労務単価(以下この号において「労務単価」という。)に規定する職種ごとに、千葉県において定められた額を8で除した額に100分の85を乗じて得た額(労務単価に規定されていない職種又は千葉県において額が定められていない職種にあっては、労務単価を勘案して市長が別に定める額)
　(2)　工事又は製造以外の請負の契約及び指定管理協定　野田市一般職の職員の給与に関する条例(昭和26年野田市条例第32号)別表第1及び別表第1の2に定める額、国土交通省が国の建築保全業務を委託する際の費用の積算に用いるため毎年度決定する建築保全業務労務単価その他の公的機関が定める基準等並びに本市が既に締結した工事又は製造以外の請負の契約に係る労働者の賃金等を勘案して市長が別に定める額
2　工事又は製造以外の請負の契約及び指定管理協定については、最低賃金法第4条第3項各号に掲げ

る賃金は、前項に規定する賃金等に算入しない。
3　第1項の規定の適用については、最低賃金法施行規則(昭和34年労働省令第16号)第2条の規定を準用する。
(平22条例24・平23条例25・平24条例26・一部改正)

(適用労働者の申出)
第6条の2　適用労働者は、支払われた賃金等の額が前条第1項に規定する賃金等の最低額を下回るときその他受注者等がこの条例に定める事項に違反する事実があるときは、市長又は受注者等にその旨の申出をすることができる。
2　受注者等は、適用労働者が前項の申出をしたことを理由として、当該適用労働者に対して解雇その他不利益な取扱いをしてはならない。
(平26条例16・追加)

(適用労働者への周知)
第7条　受注者は、次に掲げる事項を公契約に係る業務が実施される作業場の見やすい場所に掲示し、若しくは備え付け、又は書面を交付することによって適用労働者に周知しなければならない。
　(1)　適用労働者の範囲
　(2)　第6条第1項に規定する賃金等の最低額
　(3)　前条第1項の申出をする場合の連絡先及び当該申出をしたことを理由として、解雇その他不利益な取扱いを受けないこと。
(平22条例24・平25条例36・平26条例16・一部改正)

(受注者の連帯責任等)
第8条　受注者は、下請負者及び法の規定に基づき受注者又は下請負者に労働者を派遣する者(以下「受注関係者」という。)がその雇用する適用労働者に対して支払った賃金等の額が第6条第1項に規定する賃金等の最低額を下回ったときは、その差額分の賃金等について、当該受注関係者と連帯して支払う義務を負う。
2　受注者は、公契約に係る業務に従事する労働者の適正な労働条件及び当該業務の質の確保が下請負者の安定した経営に基づいて成り立つことを十分に考慮して、建設業法(昭和24年法律第100号)又は下請代金支払遅延等防止法(昭和31年法律第120号)を遵守し、下請負者との契約を締結するに当たっては、各々の対等な立場における合意に基づいた公正な契約としなければならない。
(平22条例24・平25条例36・一部改正)

(報告及び立入検査)
第9条　市長は、適用労働者から第6条の2第1項の申出があったとき及びこの条例に定める事項の遵守状況を確認するため必要があると認めるときは、受注者等に対して必要な報告を求め、又はその職員に、当該事業所に立ち入り、適用労働者の労働条件が分かる書類その他の物件を検査させ、若しくは関係者に質問させることができる。
2　前項の規定により立入検査をする職員は、その身分を示す証明書を携帯し、関係者の請求があった

ときは、これを提示しなければならない。
(平26条例16・一部改正)

(是正措置)
第10条　市長は、前条第1項の報告及び立入検査の結果、受注者等がこの条例の規定に違反していると認めるときは、受注者の違反については受注者に、受注関係者の違反については受注関係者(第6条第1項の規定に違反しているときは受注者及び受注関係者)に対し、速やかに当該違反を是正するために必要な措置を講ずることを命じなければならない。
2　受注者等は、前項の規定により違反を是正するために必要な措置を講ずることを命じられた場合には、速やかに是正の措置を講じ、市長が定める期日までに、市長に報告しなければならない。

(公契約の解除)
第11条　市長は、受注者等が次の各号のいずれかに該当するときは、市と受注者との公契約を解除することができる。
　(1)　第9条第1項の報告をせず、若しくは虚偽の報告をし、又は同項の規定による検査を拒み、妨げ、若しくは忌避し、若しくは質問に対して答弁せず、若しくは虚偽の答弁をしたとき。
　(2)　前条第1項の命令に従わないとき。
　(3)　前条第2項の報告をせず、又は虚偽の報告をしたとき。
2　前項の規定により公契約を解除した場合において、受注者等に損害が生じても、市長は、その損害を賠償する責任を負わない。
(平26条例16・一部改正)

(公表)
第12条　市長は、前条第1項の規定により公契約の解除をしたとき又は公契約の終了後に受注者等がこの条例の規定に違反したことが判明したときは、市長が別に定めるところにより公表するものとする。
(平22条例24・一部改正)

(損害賠償)
第13条　受注者は、第11条第1項の規定による解除によって市に損害が生じたときは、その損害を賠償しなければならない。ただし、市長がやむを得ない事由があると認めるときは、この限りでない。

(違約金)
第14条　市長は、受注者等がこの条例の規定に違反したときは、違約金を徴収することができる。
(平22条例24・追加)

(総合評価一般競争入札等の措置)
第15条　市長は、地方自治法施行令(昭和22年政令第16号)第167条の10の2第3項に規定する総合評価一般競争入札(同令第167条の13で準用する場合を含む。)により落札者の決定(第4条第1号

に掲げる契約に係る落札者の決定を除く。)をしようとするときは、当該決定に係る業務(以下この条において「決定業務」という。)に従事する労働基準法第9条に規定する労働者であって、次の各号のいずれかに該当するもの及び決定業務に係る請負労働者の賃金等を評価するものとする。
(1) 落札者に雇用され、専ら決定業務に従事する者
(2) 下請その他いかなる名義によるかを問わず、市以外の者から決定業務の一部について請け負った者(次号において「その他請負者」という。)に雇用され、専ら決定業務に従事する者
(3) 法の規定に基づき落札者又はその他請負者に派遣され、専ら決定業務に従事する者

(平22条例24・旧第14条繰下・一部改正、平24条例26・一部改正)

(低入札価格調査制度の拡充等の措置)
第16条 市長は、公契約に係る業務に従事する労働者の適正な労働条件及び当該業務の質の確保が下請負者の安定した経営に基づいて成り立つことを十分に考慮して、低入札価格調査制度の拡充等の必要な措置を講ずるものとする。
2 市長は、適用労働者の雇用の安定並びに公契約に係る業務の質及び継続性の確保を図るため、野田市長期継続契約を締結することができる契約に関する条例(平成17年野田市条例第32号)第2条に規定する契約を締結する等の必要な措置を講ずるものとする。
3 受注者等は、適用労働者の雇用の安定並びに公契約に係る業務の質及び継続性の確保を図るため、公契約の締結前に当該公契約に係る業務に従事していた適用労働者を雇用し、及び前項の措置に係る適用労働者を継続して雇用するよう努めなければならない。

(平22条例24・追加)

(委任)
第17条 この条例の施行に関し必要な事項は、市長が定める。

(平22条例24・旧第15条繰下)

(水道事業への適用)
第18条 第2条から前条までの規定は、水道事業が発注する工事又は製造その他についての請負の契約について準用する。

(平25条例36・追加)

附 則 (略)

はじめに

地方公共団体の入札は、一般競争入札の拡大や総合評価方式の採用などの改革が進められてきましたが、一方で低入札価格の問題によって下請の事業者や業務に従事する労働者にしわ寄せがなされ、労働者の賃金の低下を招く状況になってきています。

このような状況を改善し、公平かつ適正な入札を通じて豊かな地域社会の実現と労働者の適正な労働条件が確保されることは、ひとつの自治体で解決できるものではなく、国が公契約に関する法律の整備の重要性を認識し、速やかに必要な措置を講ずることが不可欠です。

本市は、このような状況をただ見過ごすことなく先導的にこの問題に取り組んでいくことで、地方公共団体の締結する契約が豊かで安心して暮らすことのできる地域社会の実現に寄与することができるよう貢献したいと思います。

この決意のもとに、公契約に係る業務の質の確保及び公契約の社会的な価値の向上を図るため、平成21年9月に条例を制定しました。

条例制定後の経緯

年　月		内　容
平成21年	9月	公契約条例の公布
平成22年	2月	公契約条例の施行
		公契約条例施行規則の施行
	4月	公契約条例適用契約の締結を開始
	9月	公契約条例の一部を改正する条例の公布 【改正の大きな3つの柱】 ＊業務委託における適用範囲の拡大と職種別の賃金の導入 ＊継続雇用の確保 ＊下請負者への適正な請負額の確保
平成23年	4月	公契約条例を適用する業務委託を長期継続契約として締結 同じく業務委託に職種別賃金を適用
	9月	公契約条例の一部を改正する条例の公布 【主な改正内容】 ＊工事の適用範囲を予定価格1億円以上から5千万円以上に引下げ
平成24年	10月	公契約条例の一部を改正する条例の公布 【主な改正内容】 ＊指定管理協定の条例の直接適用 ＊工事に適用する賃金等の最低額を算出するときに公共工事設計労務単価に乗じる率を80％から85％に引上げ

年　月		内　容
平成25年	3月	公契約条例の一部を改正する条例の公布 公契約条例施行規則の一部を改正する規則の公布 【主な改正内容】 ＊労働者派遣法の名称を改正 ＊適用範囲に「学校給食の調理及び運搬に関する契約」を追加
平成25年	9月	公契約条例の一部を改正する条例の公布 【主な改正内容】 ＊適用範囲を水道事業に拡大
平成26年	9月	公契約条例の一部を改正する条例の公布 【主な改正内容】 ＊工事の適用範囲を予定価格5千万円以上から4千万円以上に引下げ ＊受注者等の条例違反を適用労働者が申出をしたことを理由にした受注者等の当該適用労働者に対する不利益な取扱いの禁止

用語の定義

「野田市公契約条例の手引」に使う用語の定義は、次のとおりです。

用語	定　　義
公契約	市が発注する工事又は製造その他についての請負の契約及び指定管理協定をいいます。 「その他についての請負の契約」とは、清掃業務、管理業務、点検業務などのことで、以下、「業務委託契約」といいます。 「指定管理協定」とは、野田市公の施設の指定管理者の指定の手続等に関する条例第6条第1項の規定により市長又は教育委員会が締結する公の施設の管理に関する協定をいいます。
受注者	条例の適用を受ける公契約を市と締結した者をいいます。
下請負者	下請、再委託などの名前によらず、市以外の者から条例の適用を受ける公契約にかかる業務の一部を請け負った者をいいます。
受注者等	受注者、下請負者及び労働者派遣法の規定に基づき受注者又は下請負者に労働者を派遣する者をいいます。
適用労働者	受注者等に属して、業務に従事する者のうち、条例の適用を受ける労働者をいいます。
請負労働者	一人親方のうち、資材を調達せず、かつ、機械を持ち込まないことで実質的に雇用労働者と同様の労働者をいいます。
受注関係者	下請負者、労働者派遣法の規定に基づき受注者又は下請負者に労働者を派遣する者をいいます。
労働者派遣法	労働者派遣事業の適正な運営の確保及び派遣労働者の保護等に関する法律（昭和60年法律第88号）をいいます。

1 条例の適用を受ける公契約の範囲

公契約の種類	適用範囲
工事又は製造の請負の契約	予定価格4千万円以上の契約
業務委託契約	1．予定価格1千万円以上の次に掲げる契約 ①市の施設の設備又は機器の運転又は管理に関する契約 ②市の施設の設備又は機器の保守点検に関する契約 ③市の施設の清掃に関する契約 ④市の施設の電話交換、受付及び案内に関する契約 ⑤市の施設の警備及び駐車場の整理に関する契約 ⑥野田市文化会館の舞台の設備又は機器の運転に関する契約 ⑦不燃物の処理施設の設備及び機器の運転その他の管理に関する契約 ⑧学校給食の調理及び運搬に関する契約 2．市長が適正な賃金等の水準を確保するために特に必要があると認める次の契約 ①保健センター、関宿保健センター及び野田市急病センターの清掃に関する契約
指定管理協定	平成24年10月3日以降に締結する指定管理協定

2　適用労働者の範囲

適用労働者の範囲は、条例の適用を受ける公契約において、「受注者等に雇用され専ら当該業務等に従事する全ての者」、「労働者派遣法の規定に基づき受注者等に派遣され専ら当該業務等に従事する全ての者」、「請負労働者で専ら当該業務等に従事する全ての者」になります。

アルバイトやパートなど、いかなる雇用形態であっても、当該業務等に専ら従事する者であれば対象となります。

公契約の種類	適用労働者の範囲
工事又は製造の請負の契約	条例で賃金等の最低額を定める61職種に該当する労働者
業務委託契約	市の施設で直接業務に従事している全ての労働者
指定管理協定	指定管理者が管理する施設で直接業務に従事している全ての労働者

次に掲げる者は適用労働者には、当たりません。
* 同居の親族のみを使用する事業又は事務所に使用される者
* 家事使用人及び最低賃金法第7条の規定の適用を受ける者
* 受注者に雇用される労働者のうち、会社役員、一般事務員（営業所等に従事する者）
* 工事における現場技術者（現場代理人、監理技術者、主任技術者）
* 適用労働者が都合により、当該業務等に従事できないときに、一時的に適用労働者に代わって従事する者

＊入札等参加者の準備について
①当該契約を受注した場合を想定した履行体制を構築すること。
②当該契約内容の一部を受注関係者に請け負わせる場合は、予定している全ての受注関係者に対して、当該契約が条例の適用を受けること、賃金台帳や給与等の支払明細書などの労働者に支払っている賃金が確認できる資料を提出しなければならないことなどを事前に説明し、承認を得ておくこと。

受注関係者の協力が得られず、提出する資料が揃わない場合は、契約を解除することがありますので、下請負契約と合わせて取決めをしておくことも重要です。

＊入札額や指定管理料の積算について

入札等参加者は、入札額や指定管理料の算出に当たって、市が定める賃金等の最低額（以下「賃金等の最低額」という。）以上となる支払賃金の確保が前提となることから、当該契約内容の一部を受注関係者に請け負わせる場合は、予定している受注関係者から見積等を徴するなど、賃金等の内容が反映された額となるように積算してください。

3 適用労働者の賃金

条例の適用を受ける公契約については、受注者等が適用労働者に支払う賃金の総額のうち、「4 支払賃金」に示した手当等の合計額を1時間当たりの賃金に換算した額(以下「支払賃金」という。)が、市が定める賃金等の最低額以上となっていなければなりません。

賃金等の最低額 ≦ 支払賃金
＊適用労働者ごとに1時間当たりの賃金を比較します。
＊工事又は製造の請負の契約は、該当する職種の賃金を比較します。
＊業務委託契約は、野田市公契約条例施行規則(以下「規則」という。)第3条に該当する契約ごとに定めた職種の賃金を比較します。
＊指定管理協定は、施設ごとに仕様書等に定めた職種の賃金を比較します。

4 支払賃金

支払賃金は、受注者等が適用労働者に支払う賃金の総額のうち、次に掲げる賃金・手当等の合計額を1時間当たりの賃金に換算した額となります。

<u>※手当の区分を間違えてしまうと、支払賃金の履行確認の際に、賃金等の最低額を下回ってしまう場合がありますので、基準内と基準外に該当する各種手当の区分については十分注意してください。</u>

①工事又は製造の請負の契約

公共工事設計労務単価に含まれる手当等の合計額を、1時間当たりの賃金に換算した額になります。

支払賃金＝基本給相当額＋基準内手当＋臨時の給与＋実物給与を1時間当たりの賃金に換算した額

◆支払賃金に含む手当等

手当等	例
基本給相当額	基本給（定額給）、出来高給
基準内手当	家族手当、通勤手当、都市手当（地域手当）、住宅手当等の補助的手当
	現場手当、技能手当、精勤手当等の任務・能力・就労奨励手当
臨時の給与	賞与（ボーナス等）、結婚手当、その他の臨時の賃金等
実物給与	通勤用定期券の支給、食事の支給等

◆支払賃金に含まない手当等（基準外賃金）

手当等	内容
特殊な労働に対する手当	各職種の労働者について、注文者が工事費積算の歩掛等において見込んでいる通常の作業条件又は作業内容を超えた特殊な労働に対して支払った手当
割増賃金としての手当	時間外、休日又は深夜の割増賃金としての手当
休業手当	仕事が無いために労働者を休業させた場合に支払った手当（ただし、悪天候等の不可抗力による休業に対する手当は基準内手当になります。）
本来は経費に当たる手当	労働者個人持ちの工具・車両の損料、労働者個人が負担した旅費等、本来は賃金ではなく、経費の負担に該当する手当

※各手当等の詳細は、公共事業労務費調査連絡協議会の「公共事業労務費調査の手引き」にある手当の基準内・基準外の区分に準じています。

②業務委託契約及び指定管理協定

　最低賃金法に基づく最低賃金制度に定める手当等の区分による所定内給与のうち、基本給相当額と基準内手当の合計額を1時間当たりの賃金に換算した額になります。

支払賃金＝基本給相当額＋基準内手当を1時間当たりの賃金に換算した額

◆支払賃金に含む手当等

手当等	例
基本給相当額	基本給（定額給）
基準内手当	毎月きまって支払われる基本的な賃金で最低賃金制度の所定内給与に区分される手当

◆支払賃金に含まない手当等（基準外手当）

手当等	内容
臨時に支払われる賃金	結婚手当、1か月を超える期間ごとに支払われる賞与等の賃金
時間外割増賃金	所定労働時間を超える時間の労働に対して支払われる賃金
休日割増賃金	所定労働日以外の労働に対して支払われる賃金
深夜割増賃金	午後10時から午前5時まで間の労働に対して支払われる賃金
精皆勤手当、通勤手当、家族手当	最低賃金制度の所定外給与に区分される手当

5 賃金等の最低額

①工事又は製造の請負の契約の賃金等の最低額

農林水産省及び国土交通省による公共工事設計労務単価のほか、千葉県の積算基準の設計単価を基に設定しています。

工期が複数年度にわたる場合は、原則として契約を締結した年度の賃金等の最低額を適用し、その工期中は、同じ賃金等の最低額となります。

> 職種別設計労務単価÷8（時間）×0.85（定率）※小数点以下切上げ

②業務委託契約及び指定管理協定の賃金等の最低額

契約の種類によって、次のとおり定めます。

長期継続契約を締結した業務委託契約及び指定管理協定は、原則として契約又は基本協定を締結した年度の賃金等の最低額を適用し、その委託期間又は指定期間は同じ賃金等の最低額となります。

契約の種類	賃金等の最低額
＊施設の設備又は機器の運転又は管理に関する契約 ＊施設の設備又は機器の保守点検に関する契約	＊建築保全業務労務単価（東京地区）保全技術員補÷8（時間）×0.8（定率）
＊施設の清掃に関する契約 ＊保健センター、関宿保健センター及び野田市急病センターの清掃に関する契約	＊（A）×104÷100（地域手当）×12（年月数）÷2,015（年間所定労働時間） （A）：野田市一般職の職員の給与に関する条例別表第1の2の3の項1級の欄に定める額
＊施設の電話交換、受付及び案内に関する契約 ＊野田市文化会館の舞台設備又は機器の運転に関する契約	＊既に締結した契約に係る労働者の賃金等を勘案
＊施設の警備及び駐車場の整理に関する契約	＊建築保全業務労務単価（東京地区）警備員C÷8（時間）×0.8（定率）
＊不燃物の処理施設の設備及び機器の運転その他の管理に関する契約 ＊学校給食の調理及び運搬に関する契約	＊仕様書等に職種ごとに定める額
＊指定管理協定	＊仕様書等に職種ごとに定める額

6 賃金等の最低額の公表

　工事又は製造の請負の契約及び業務委託契約の賃金等の最低額は、告示するとともに、市ホームページに掲載します。
　指定管理協定の賃金等の最低額については、指定管理者を募集するときの仕様書等に定めます。
　ＵＲＬ　http://www.city.noda.chiba.jp/jigyousha/nyusatsu/1000712.html
　　　　公契約条例に関する情報
　　　　２．野田市公契約条例に規定する市長が定める賃金等の最低額

7 誓約書の提出

①工事又は製造の請負の契約
　ア．予定価格４千万円以上の総合評価一般競争入札
　　入札参加者は、「公契約条例に関する誓約書」を入札参加申請受付期間内に電子ファイルで提出しなければなりません。当該期間内に提出が無い参加者の入札は無効とします。

　イ．予定価格４千万円以上の見積合せ（随意契約）
　　見積合せの参加者は、「【公契約条例適用】誓約書・委任状」を見積書の提出日時に提出しなければなりません。当該提出日時に提出が無い見積合せは無効とします。

②業務委託契約
　　入札等参加者は、「【公契約条例適用】誓約書・委任状」を入札等執行日時に提出しなければなりません。当該執行日時に提出が無い参加者の入札等は無効とします。

8　支払賃金の確認

①配置労働者報告書の提出

　受注者等は、配置する労働者とその労働者に支払う予定の１時間当たりの賃金等を記入した「配置労働者報告書」を提出しなければなりません。

* 配置労働者報告書については、支払実績の確認ではないため、「賃金台帳（写）」や「給与等の支払明細書（写）」等の実際に支払われた１時間当たりの賃金等が明確になる資料（以下「確認資料」という。）の提出は不要です。ただし、市が賃金を構成する手当等の区分を確認するために当該契約の締結前から雇用している適用労働者の確認資料の提出を求めた場合は、提出していただくことになります。
* 受注者、受注関係者がそれぞれ事業者ごとに作成し、受注者が取りまとめの上、提出してください。
* <u>提出時期等は、公契約の種類によって異なりますので、公契約の種類ごとに用意してある手引の内容を必ず確認してください。</u>
* 施工体系図、適用労働者への周知書類（写）、「就業規則又は雇用条件を通知した書類（写）」と合わせて、フラットファイル（紙製）に綴じて提出してください。

②労働者支払賃金報告書の提出

　受注者等は、適用労働者の氏名、職種、労働日数・時間、支払賃金額等を記入し、労働者支払賃金報告書（以下「賃金報告書」という。）及び確認資料を提出しなければなりません。

* 賃金報告書の内容を証明できる確認資料を添付してください。
* 受注者、受注関係者が事業者ごとに作成し、受注者が取りまとめの上、提出してください。
* 多くの受注関係者を使用する場合、賃金報告書の作成及び確認資料の収集に時間がかかると考えられるので、受注関係者が一連の事務手続を円滑に行えるよう事前に調整してください。
* <u>提出時期等は、公契約の種類によって異なりますので、公契約の種類ごとに用意してある手引の内容を必ず確認してください。</u>
* 添付された確認資料では、賃金報告書の内容を客観的に確認できないときは、その他の資料の提出を求める場合があります。

③労働者氏名の記入について

　配置労働者報告書及び賃金報告書には、労働者氏名を記入する欄がありますので、記入する全ての適用労働者の承諾を得てから記入してください。

　適用労働者から、自らの承諾なく確認資料が提出された等の申出があった場合は、市はその真偽を確認し、申出の内容が事実であると確認できたときは、野田市建設工事等請負業者等指名停止措置要綱に基づき、ペナルティ等を科すことがあります。

　適用労働者の承諾が得られないときは、労働者氏名の代わりに「Ａ」、「Ｂ」などの記号を配置労働者報告書及び賃金報告書の記号欄に記入するとともに、当該適用労働者に対応する記号を確認資料の余白の部分に記入し、労働者氏名の明示がなくても各資料の突合ができるようにしてください。

＊労働者氏名の代わりに記号を用いる場合の注意事項

　記号は、労働者氏名の代わりとして使用しますので、一人の適用労働者に一度付けた記号は、施工期間・委託期間・指定期間を通して同じ記号を使用してください。

【参考例】

・配置労働者報告書の内容

　　配置労働者を「野田一郎＝Ａ」、「野田二郎＝Ｂ」と記入

・賃金報告書（中間期）の内容

　　実際には「野田二郎」が従事せず、「野田三郎」が従事した場合

　　「野田一郎＝Ａ」、「野田三郎＝Ｃ」と記入

・賃金報告書（完了期）の内容

　　「野田二郎」、「野田三郎」が従事せず、「野田四郎」が従事した場合

　　「野田一郎＝Ａ」、「野田四郎＝Ｄ」と記入

9 適用労働者の申出及び不利益な取扱いの禁止

適用労働者は、受注者等の支払賃金が賃金等の最低額を下回るとき等、受注者等が条例に違反したときは、市長又は受注者等にその旨の申出をすることができます。受注者等は、これらの申出があったことを理由に当該適用労働者に対して解雇その他不利益な取扱いをしてはいけません。

10 適用労働者への周知

受注者は、全ての適用労働者に対して、「条例の適用を受け賃金等の最低額以上の賃金を受け取ることができること」、「受注者等が条例に違反したときに申出をする連絡先」、「その申出をしたことを理由として、解雇その他不利益な取扱いを受けないこと」を書面をもって周知しなければなりません。

＊適用労働者への周知事項
①適用労働者の範囲
　　労働者自らが適用労働者であることを確認できるようにするもの。
②当該契約の賃金等の最低額
　　適用労働者自らが受け取っている賃金が賃金等の最低額以上であるか否かを確認できるようにするもの。
③適用労働者が申出をする連絡先
　　適用労働者が受注者等の条例違反について申出をするに当たり、その申出先を周知するもの。
④適用労働者が受注者等の条例違反について申出をしたことを理由に解雇その他不利益な取扱いを受けないこと
　　受注者等が条例違反に係る申出をされたことを理由に当該適用労働者に対して解雇その他不利益な取扱いができないことを周知するもの。

＊周知方法
次のいずれかの方法により書面にて行うこと
①当該契約の着手日から完了日まで、当該契約の作業場等の見やすい場所へ掲示又はファイル等による備付け
②当該契約の作業等に従事するときまでに、適用労働者へ配付

11 受注者等の責務、連帯責任等

＊受注者等の責務

受注者等は、法令等を遵守し、労働者の適正な労働条件を確保することはもとより、公契約に関する責任を自覚し、適用労働者が誇りを持って、良質な当該業務等を実施できるよう労働者の更なる福祉の向上に努めなければなりません。

＊受注者の連帯責任等

受注者は、受注関係者が支払う賃金が賃金等の最低額を下回ったときは、その差額分について、当該受注関係者と連帯して支払う義務を負います。

受注者は、建設業法又は下請代金支払遅延等防止法を遵守するとともに、受注関係者との契約を締結するに当たっては、各々の対等な立場における合意に基づいた公正な契約としなければなりません。

受注者は、受注関係者を使用する責任において、受注関係者の条例にかかる事務手続を指導することになります。

12 報告及び立入検査

適用労働者から申出があった場合、提出された賃金報告書及び確認資料では賃金等の支払状況が不明確である場合は、さらに報告書の提出を求め、又は立入検査を実施します。

＊報告の請求等

適用労働者から受注者等の条例違反について申出があった場合、提出された賃金報告書及び確認資料の内容について、さらに確認が必要な場合は、受注者に報告書の提出を求めます。

報告書が提出されても不十分と判断した場合は、受注者等を対象にヒアリングを行う場合があります。

報告書の請求は、書面で受注者へ通知し、原則として、通知の到着日の翌日から7日間の間に報告書を作成し、野田市総務部管財課へ提出しなければなりません。

＊立入検査の実施等

報告書で不足している内容を確認するために、書類などの検査と関係者からの聞き取り調査を行います。受注関係者に立入検査を行うときは、受注者は、その責務において立入検査を行う職員に同行しなければなりません。

立入検査を行う場合は、事前に日時等について当該事業者に書面にて通知します。立入検査が受注関係者のときは、受注者を通して通知します。

13　是正措置

　市が提出を求めた報告書や立入検査の結果、受注者等が条例の規定に違反していることが明らかとなったときは、是正措置を命じます。

* 受注者の違反については、受注者に命じます。
* 受注関係者の違反については、受注者を通じて当該受注関係者に命じますが、違反の内容が受注関係者の適用労働者の賃金が賃金等の最低額未満である場合には、受注者及び当該受注関係者に命じます。
* 原則として通知書の到着日の翌日から7日間の間に処理し、是正措置の結果について、受注者は書面により野田市総務部管財課へ報告しなければなりません。

14　契約解除、指定の取消し

　次のいずれかに該当するときは契約を解除します。指定管理協定についても次のいずれかに該当するときは、その指定を取り消します。契約の解除又は指定の取消しと合わせて指名停止を行います。

* 提出しなければならない配置労働者報告書、賃金報告書、その他の報告書、確認資料が期限までに提出されないとき
* 提出された配置労働者報告書、賃金報告書、その他の報告書、確認資料の内容が虚偽であったとき
* 立入検査を拒否したとき
* 立入検査に非協力的であったとき（妨害、忌避、質問に対して答弁せず、確認の必要な内容を明らかにしないときなど）
* 是正措置の命令に従わなかったとき
* 是正措置を行った結果の報告書が提出されないとき

※これらの解除条項については、契約書又は協定書の特約条項に記載しています。

15 損害賠償、違約金

「14 契約解除、指定の取消し」に示した理由による契約解除又は指定の取消しによって、市に損害が生じたときは、受注者は、その損害を賠償しなければなりません。また、受注者等が条例の規定に違反したときは、違約金を徴収します。

＊損害賠償

先の所定の理由による契約の解除によって、市に損害が生じたときは、受注者は、その損害を賠償しなければなりません。

ただし、市長がやむを得ない事由があると認めるときは、この限りではありません。

＊違約金

違反が明らかになった時期	契約額、指定管理料の区分	違約金の額
契約期間中又は指定期間中	全ての公契約	契約額又は指定管理料の１０％
契約終了後又は指定期間終了後	契約額又は指定管理料が１億円以上	契約額又は指定管理料の５％
	契約額又は指定管理料が５千万円以上１億円未満	契約額又は指定管理料の７％
	契約額又は指定管理料が５千万円未満	契約額又は指定管理料の１０％

※契約終了後又は指定期間終了後に条例の規定に違反していたことが明らかになった場合も指名停止を行います。

16 公表

先の所定の理由により契約を解除したとき及び指定を取り消したとき、又は契約終了後及び指定期間終了後に条例の規定に違反していたことが明らかになったときは、遅滞なく公表します。

＊公表する事項
①契約（指定管理協定）の名称
②契約（指定管理協定）を締結した年月日
③受注者等の氏名及び所在地（法人その他の団体にあっては、商号又は名称及び代表者氏名並びに所在地）
④契約（指定）を解除（取消し）した年月日及び理由
⑤①から④のほかに公表する必要がある事項

＊公表の方法
公表は、野田市ホームページに掲載するなどのインターネットを利用する方法や管財課の窓口閲覧など、その他適切な方法で行います。

17 その他の入札契約関連制度の拡充等

条例の主旨に沿って、労働者の適正な労働条件の確保や当該業務等の質の確保に関して、活用が可能な入札契約関連の制度の拡充を図っています。

＊低入札価格調査制度の拡充

年　　　月		内　　　容
平成11年	7月	野田市建設工事等低入札価格調査実施要領　施行
平成22年	10月	【改正】野田市建設工事等低入札価格調査実施要領　施行 ＊低入札価格調査基準価格の算出方法の見直し ＊失格判定基準の設定
平成23年	8月	【改正】野田市建設工事等低入札価格調査実施要領　施行 ＊低入札価格調査基準価格の算出方法の見直し
平成24年	1月	野田市建設工事等に係る委託業務の低入札価格調査実施要領　施行 ＊測量業務、建設コンサルタント業務、補償関係コンサルタント業務、地質調査業務に低入札価格調査制度を適用
平成24年	4月	野田市低入札価格調査制度実施要領　施行 ＊一般の業務委託に低入札価格調査制度を適用 ＊野田市低入札価格調査制度実施要領に一本化し、野田市建設工事等低入札価格調査実施要領、野田市建設工事等に係る委託業務の低入札価格調査実施要領は、平成24年3月31日をもって廃止
平成25年	6月	【改正】野田市低入札価格調査制度実施要領　施行 ＊低入札価格調査基準価格の算出方法の見直し

＊継続雇用の確保（長期継続契約の適用）

　　入札により受注者が変わった場合、従前の受注者に雇用されていた労働者が職を失うことや、労働条件を低下させて、新しい受注者に雇用されるということがあります。

　　労働者の雇用の安定と公契約の質を確保するには、従前の受注者との間の労働条件を継承し、新受注者が従前の労働者を継続して雇用することが理想です。

　　条例では、公契約の締結前に当該公契約に従事していた適用労働者を継続して雇用するように努めなければならないとする努力義務規定を設けています。また、条例の適用を受ける業務委託については、長期継続契約を締結できるようにしています。

1　適用範囲

平成24年10月3日以降に締結する指定管理協定

2　適用労働者の範囲

　「受注者又は下請負者に雇用され、専ら当該業務等に従事する全ての者」、「労働者派遣法の規定に基づき受注者又は下請負者に派遣され、専ら当該業務等に従事する全ての者」、「請負労働者で専ら当該業務等に従事する全ての者」になります。

　アルバイトやパートなど、いかなる雇用形態であっても、当該業務等に専ら従事する者であれば対象となります。

次に掲げる者は適用労働者には、当たりません。
＊同居の親族のみを使用する事業又は事務所に使用される者
＊家事使用人及び最低賃金法第7条の規定の適用を受ける者
＊受注者に雇用される労働者のうち、会社役員、一般事務員（営業所等で従事する者）
＊適用労働者が都合により、当該業務等に従事できないときに、一時的に適用労働者に代わって従事する者

＊応募者等の準備等について
　①当該業務を受注した場合を想定した履行体制を構築しておくこと。
　②当該業務の一部を下請負者及び労働者派遣法の規定に基づき受注者又は下請負者に労働者を派遣する者（以下「受注関係者」という。）に委託する場合は、全ての受注関係者に対して、当該業務が条例の適用を受けること、賃金台帳や給与等の支払明細書などの労働者に支払っている賃金が確認できる資料を提出しなければならないことなどを事前に説明し、承諾を得ておくこと。
　受注関係者の協力が得られず、提出する資料が揃わない場合は、指定を取り消すことがありますので、受注関係者との間で取決めをしておくことが重要です。

＊指定管理料の積算について
　応募者等は、指定管理料の算出に当たって、仕様書の「市長が定める賃金の最低額一覧」に定める最低額（以下「賃金等の最低額」という。）以上の賃金の確保が前提となることから、当該業務の一部を受注関係者に委託する場合は、予定している受注関係者から見積等を徴するなど、賃金等の見積内容が反映された額となるように積算してください。

3 適用労働者の賃金

受注者、下請負者及び労働者派遣法の規定に基づき受注者又は下請負者に労働者を派遣する者（以下「受注者等」という。）が適用労働者に支払う全ての賃金のうち、「4 支払賃金」に示した手当等の合計額を1時間当たりの賃金に換算した額（以下「支払賃金」という。）が、賃金等の最低額以上となっていなければなりません。

賃金等の最低額 ≦ 支払賃金
＊適用労働者ごとに1時間当たりの賃金を比較します。
＊仕様書等に定めた職種ごとに比較します。

4 支払賃金

最低賃金法に基づく最低賃金制度に定める手当等の区分による所定内給与のうち、基本給相当額と基準内手当の合計額を1時間当たりの賃金に換算した額になります。

<u>※手当の区分を間違えてしまうと、支払賃金の履行確認の際に、賃金等の最低額を下回ってしまう場合がありますので、基準内と基準外に該当する各種手当の区分については十分注意してください。</u>

支払賃金＝基本給相当額＋基準内手当を1時間当たりの賃金に換算した額

◆支払賃金に含む手当等（基準内手当）

手当等	例
基本給相当額	基本給（定額給）
基準内手当	毎月きまって支払われる基本的な賃金で最低賃金制度の所定内給与に区分される手当

◆支払賃金に含まない手当等（基準外手当）

手当等	内容
臨時に支払われる賃金	結婚手当、1か月を超える期間ごとに支払われる賞与等の賃金
時間外割増賃金	所定労働時間を超える時間の労働に対して支払われる割増賃金
休日割増賃金	所定労働日以外の労働に対して支払われる割増賃金
深夜割増賃金	午後10時から午前5時まで間の労働に対して支払われる割増賃金
精皆勤手当、通勤手当、家族手当	最低賃金制度の所定外給与に区分される手当

5 賃金等の最低額

仕様書に職種ごとに定めます。原則として基本協定を締結した年度の賃金等の最低額を適用し、その指定期間は同じ賃金等の最低額となります。

6 賃金等の最低額の公表

当該指定管理者を募集するときの仕様書等に定めます。

7 支払賃金の確認

①配置労働者報告書の提出

　受注者等は、直近上位の注文者との間で締結する年度協定又は契約（以下「協定等」という。）の締結日から１４日以内に、配置する労働者とその労働者に支払う予定の１時間当たりの賃金を記入した「配置労働者報告書」を提出しなければなりません。

* 配置労働者報告書については、支払実績の確認ではないため、「賃金台帳（写）」、「給与等の支払明細書（写）」等の実際に支払われた１時間当たりの賃金等が明確になる資料（以下「確認資料」という。）の提出は不要です。ただし、市が賃金を構成する手当等の区分を確認するために当該協定等の締結前から雇用している適用労働者の確認資料の提出を求めた場合は、提出していただくことになります。
* 受注者、受注関係者がそれぞれ事業者ごとに作成し、受注者が取りまとめの上、提出してください。
* 直近上位の注文者との間で締結する協定等の締結日から１４日以内に提出することになるため、例えば、２次下請負者の分は、１次下請負者との間で締結する締結日から１４日以内に提出してください。
* 「履行体系図」、「適用労働者への周知書類（写）」、「就業規則又は雇用条件を通知した書類（写）」と合わせて、フラットファイル（紙製）に綴じて提出してください。

提出時期	提出書類	備考	提出先
年度協定締結後	①フラットファイル 　　表紙及び背表紙に「年度」、「指定管理業務名」、「受注者名」を記入すること。 　　提出は、受注者のみ ②配置労働者報告書 　　事業者ごとに作成 ③履行体系図 　　提出は、受注関係者がある受注者のみ ④適用労働者への周知書類(写) 　　作業場等の掲示又は備付けによる場合は、当該箇所の写真 　　受注者が掲示又は備付けしている場合は、その他の受注関係者からの提出は不要 ⑤就業規則又は労働条件を通知した書面(写) ※賃金を構成する手当等の区分を確認するため、当該業務を受注する前から雇用されている労働者の「賃金台帳(写)」、「給与等の支払明細書(写)」の提出を求める場合があります。	＊直近上位の注文者と受注者等との間で締結する協定等の締結日から１４日以内に提出すること。	施設管理担当課

②労働者支払賃金報告書の提出

　受注者等は、適用労働者の氏名、職種、労働日数・時間、支払賃金等を記入し、「労働者支払賃金報告書（以下「賃金報告書」という。）及び確認資料を提出しなければなりません。

＊賃金報告書の内容を証明できる確認資料を添付してください。
＊受注者、受注関係者がそれぞれ事業者ごとに作成し、受注者が取りまとめの上、提出してください。
＊多くの受注関係者を使用する場合、賃金報告書の作成及び確認資料の収集に時間がかかると考えられますので、受注関係者が一連の事務手続を円滑に行えるよう事前に調整してください。
＊添付された確認資料では、賃金報告書の内容を客観的に確認できないときは、その他の資料の提出を求める場合があります。

提出時期	提出書類	備考	提出先
中間期	①～③は必須、④、⑤、⑥は、既提出の報告内容に変更がある場合のみ ①労働者支払賃金報告書 ②賃金台帳(写) ③給与等の支払明細書(写) ④履行体系図 ⑤適用労働者への周知書類(写) ⑥就業規則又は雇用条件を通知した書類(写)	各年度10月末まで ＊当該業務の履行状況により、別に提出時期を定めた場合は、その期限までに提出すること。	施設管理担当課
業務報告書提出時	①～③は必須、④、⑤、⑥は、既提出の報告内容に変更がある場合のみ ①労働者支払賃金報告書 ②賃金台帳(写) ③給与等の支払明細書(写) ④履行体系図 ⑤適用労働者への周知書類(写) ⑥就業規則又は雇用条件を通知した書類(写)	翌年4月末まで ＊当該業務の履行状況により、別に提出時期を定めた場合は、その期限までに提出すること。	施設管理担当課

③労働者氏名の記入について

　配置労働者報告書及び賃金報告書には、労働者氏名を記入する欄がありますので、記入する全ての適用労働者の承諾を得てから記入してください。

　適用労働者から、自らの承諾なく確認資料が提出された等の申出があった場合は、市はその真偽を確認し、申出の内容が事実であると確認できたときは、野田市建設工事等請負業者等指名停止措置要綱に基づき、ペナルティ等を科すことがあります。

　適用労働者の承諾が得られないときは、労働者氏名の代わりに「A」、「B」などの記号を配置労働者報告書及び賃金報告書の記号欄に記入するとともに、当該適用労働者に対応する記号を確認資料の余白の部分に記入し、労働者氏名の明示がなくても各資料の突合ができるようにしてください。

＊労働者氏名の代わりに記号を用いる場合の注意事項

　記号は、労働者氏名の代わりとして使用しますので、一人の適用労働者に一度付けた記号は、指定期間を通して同じ記号を使用してください。

【参考例】
・配置労働者報告書の内容
　　配置労働者を「野田一郎＝Ａ」、「野田二郎＝Ｂ」と記入
・賃金報告書（中間期）の内容
　　実際には「野田二郎」が従事せず、「野田三郎」が従事した場合
　　「野田一郎＝Ａ」、「野田三郎＝Ｃ」と記入
・賃金報告書（業務報告書提出時）の内容
　　「野田二郎」、「野田三郎」が従事せず、「野田四郎」が従事した場合
　　「野田一郎＝Ａ」、「野田四郎＝Ｄ」と記入

・次年度の配置労働者報告書
　　配置労働者が「野田五郎」、「野田六郎」の場合
　　「野田五郎＝Ｅ」、「野田六郎＝Ｆ」と記入

8　適用労働者の申出及び不利益な取扱いの禁止

　適用労働者は、受注者等の支払賃金が賃金等の最低額を下回るとき等、受注者等が条例に違反したときは、市長又は受注者等にその旨の申出をすることができます。受注者等は、これらの申出があったことを理由に当該適用労働者に対して解雇その他不利益な取扱いをしてはいけません。

9　適用労働者への周知

　受注者は、全ての適用労働者に対して、「条例の適用を受け賃金等の最低額以上の賃金を受け取ることができること」、「受注者等が条例に違反したときに申出をする連絡先」、「その申出をしたこと理由として、解雇その他不利益な取扱いを受けないこと」を書面をもって周知しなければなりません。

＊適用労働者への周知事項
①適用労働者の範囲
　　労働者自らが適用労働者であることを確認できるようにするもの。
②当該業務の賃金等の最低額
　　適用労働者自らが受け取っている賃金が賃金等の最低額以上であるか否かを確認できるようにするもの。
③適用労働者が申出をする連絡先
　　適用労働者が受注者等の条例違反について申出をするに当たり、その申出先を周知するもの。
④適用労働者が受注者等の条例違反について申出をしたことを理由に解雇その他不利益な取扱いを受けないこと
　　受注者等が条例違反に係る申出をされたことを理由に当該適用労働者に対して解雇その他不利益な取扱いができないことを周知するもの。

＊周知方法
　次のいずれかの方法により書面にて行うこと。
①指定期間中、当該業務が行われる作業場の見やすい場所へ掲示又はファイル等による備付け
②当該業務に従事するときまでに、適用労働者へ配付

10　受注者等の責務、連帯責任等

＊受注者等の責務
　　受注者等は、法令等を遵守し、労働者の適正な労働条件を確保することはもとより、公契約に関する責任を自覚し、適用労働者が誇りを持って、良質な当該業務等を実施できるよう労働者の更なる福祉の向上に努めなければなりません。

＊受注者の連帯責任等
　　受注者は、受注関係者が支払う賃金が賃金等の最低額を下回ったときは、その差額分を受注関係者と連帯して支払う義務を負います。
　　下請代金支払遅延等防止法を遵守し、受注関係者との契約を締結するに当たっては、各々の対等な立場における合意に基づいた公正な契約としなければなりません。
　　受注者は、受注関係者を使用する責任において、受注関係者の条例にかかる事務手続を指導することになります。

11　報告及び立入検査

　適用労働者から申出があった場合、提出された賃金報告書及び確認資料では賃金等の支払状況が不明確である場合は、さらに報告書の提出を求め、又は立入検査を実施します。

* 報告の請求等

　適用労働者から受注者等の条例違反について申出があった場合、提出された賃金報告書及び確認資料の内容について、さらに確認が必要な場合は、受注者に報告書の提出を求めます。

　報告書が提出されても不十分と判断した場合は、受注者等を対象にヒアリングを行う場合があります。

　報告書の請求は、書面で受注者へ通知し、原則として、通知の到着日の翌日から7日間の間に報告書を作成し、野田市総務部管財課へ提出しなければなりません。

* 立入検査の実施等

　報告書で不足している内容を確認するために、書類などの検査と関係者からの聞き取り調査を行います。受注関係者に立入検査を行うときは、受注者は、その責務において立入検査を行う職員に同行しなければなりません。

　立入検査を行う場合は、事前に日時等について当該事業者に書面にて通知します。立入検査の対象が受注関係者の場合は、受注者を通して通知します。

12　是正措置

　市が提出を求めた報告書や立入検査の結果、受注者等が条例の規定に違反していることが明らかとなったときは、是正措置を命じます。

* 受注者の違反については、受注者に命じます。
* 受注関係者の違反については、受注者を通じて当該受注関係者に命じますが、違反の内容が受注関係者の適用労働者の賃金が賃金等の最低額未満である場合には、受注者及び当該受注関係者に命じます。
* 原則として通知書の到着日の翌日から7日間の間に処理し、是正措置の結果について、受注者は書面により野田市総務部管財課へ報告しなければなりません。

13 指定の取消し

次のいずれかに該当するときは、その指定を取り消します。指定の取消しと合わせて指名停止を行います。

* 提出しなければならない配置労働者報告書、賃金報告書、請求した報告書、確認資料が期限までに提出されないとき
* 提出された配置労働者報告書、賃金報告書、請求した報告書、確認資料の内容が虚偽であったとき
* 立入検査を拒否したとき
* 立入検査に非協力的であったとき（妨害、忌避、質問に対して答弁せず、確認の必要な内容を明らかにしないときなど）
* 是正措置の命令に従わなかったとき
* 是正措置を行った結果の報告書が提出されないとき

※これらの解除要件については、協定書に特記事項を添付しています。

14 損害賠償、違約金

「13 指定の取消し」に示した理由による指定の取消しによって、市に損害が生じたときは、受注者は、その損害を賠償しなければなりません。また、受注者等が条例の規定に違反したときは、違約金を徴収します。

* 損害賠償

　先の所定の理由による指定の取消しによって、市に損害が生じたときは、受注者は、その損害を賠償しなければなりません。

　ただし、市長がやむを得ない事由があると認めるときは、この限りではありません。

* 違約金

違反が明らかになった時期	指定管理料の区分	違約金の額
指定期間中	すべての指定管理協定	指定管理料の10％
指定期間終了後	指定管理料が1億円以上	指定管理料の5％
	指定管理料が5千万円以上1億円未満	指定管理料の7％
	指定管理料が5千万円未満	指定管理料の10％

※指定期間終了後に条例の規定に違反していたことが明らかになった場合も指名停止を行います。

15 公表

先の所定の理由により指定を取消したとき、又は指定期間終了後に条例の規定に違反していたことが明らかになったときは、遅滞なく公表します。

＊公表する事項
　①指定管理協定の名称
　②指定管理協定を締結した年月日
　③受注者等の氏名及び所在地（法人その他の団体にあっては、商号又は名称及び代表者氏名並びに所在地）
　④指定を取り消した年月日及び理由
　⑤①から④のほかに公表する必要がある事項

＊公表の方法
　公表は、野田市ホームページに掲載するなどのインターネットを利用する方法や管財課の窓口閲覧など、その他適切な方法で行います。

野田市立せきやど図書館及び野田市関宿コミュニティ会館　管理仕様書

　野田市立せきやど図書館（以下、図書館という）及び野田市関宿コミュニティ会館（以下、コミュニティ会館という。）の指定管理者が行う業務の内容及び範囲等は、この仕様書による。

1　趣旨

　本仕様書は、図書館及びコミュニティ会館の指定管理者が行う業務の内容及び履行方法について定めることを目的とする。

2　施設の概要

（1）野田市立せきやど図書館
- ・所在地　　　　　野田市東宝花237番地1
- ・施設概要
    - ①延床面積　　1,664.49㎡。いちいのホール、2・3階。
    - ②資料数　　　図書61,000冊。CD5,988枚。ビデオ1,634本。DVD664枚。（平成24年度）
    - ③主な設備　　カウンター2箇所。業務用・利用者端末13台。BDSゲート3箇所。視聴覚ブース8台

（2）野田市関宿コミュニティ会館
- ・所在地　　　　　野田市東宝花237番地1
- ・施設概要
    - ①延床面積　　567.42㎡。いちいのホール、4階。
    - ②主要施設　　集会室3部屋（114.3㎡・55.8㎡・55.8㎡）
      　　　　　　　和　室1部屋（24畳）
      　　　　　　　ホール　　（客席125席）
      　　　　　　　事務室　　（49.6㎡）

3　管理に関する基本的な考え方

（1）野田市立図書館設置条例、野田市コミュニティ会館の設置及び管理に関する条例、野田市立図書館の管理及び運営に関する規則、野田市立図書館資料管理規則、野田市コミュニティ会館の管理に関する規則、図書館法その他関係法規を遵守し、その趣旨を十分に理解した上で管理を行うこと。
（2）利用者の利便性の向上及びきめ細かいサービスの提供に努めること。

（3）利用者の平等利用が確保されること。
（4）個人情報の適切な保護が図られていること。
（5）施設の効用を最大限に発揮し、利用者のサービス向上を図ること。
（6）効率的な管理を行い、経費の節減を図ること。
（7）管理に関する業務を一括して委託しないこと。

4　施設の管理基準

（1）図書館

開館時間	日曜日及び祝日は、午前9時から午後5時まで。それ以外は、午前9時から午後7時まで。ただし、興風図書館長が必要と認める時は、これを変更することができる。 ※管理時間は、日曜日及び祝日は、午前8時30分から午後5時15分まで。それ以外は、午前8時30分から午後7時15分まで。
休館日	①毎週火曜日（その日が休日に当たるときを除く） ②12月29日から翌年の1月3日までの日 ③資料特別整理期間（年10日以内で興風図書館長が定める日） ※実際には4日程度で特別資料整理業務を行い、後は開館準備及び通常業務になる。 ※休館日は、興風図書館長が必要と認めるときは、これを臨時に変更することができる。

（2）コミュニティ会館

開館時間	①午前9時から午後9時 ②指定管理者が教育長の承認を得て必要と認めたときは、これを変更することができる。 ※管理時間は、午前8時30分から午後9時15分まで。
休館日	①12月29日から翌年の1月3日までの日 ②指定管理者が教育長の承認を得て必要と認めたときは、臨時に休館し、又は、開館することができる。

<table>
<tr><td rowspan="18">現行の利用料金</td><td colspan="3">ホール等　　　　　　　　　　　　　　　　　　　　（単位　円）</td></tr>
<tr><td>利用区分＼時間区分</td><td>午前9時から午後5時まで1時間につき</td><td>午後5時から午後9時まで1時間につき</td></tr>
<tr><td>ホール</td><td>270</td><td>400</td></tr>
<tr><td>集会室（大）70㎡以上</td><td>210</td><td>320</td></tr>
<tr><td>集会室（小）70㎡未満</td><td>130</td><td>210</td></tr>
<tr><td>和室（大）20畳以上</td><td>210</td><td>320</td></tr>
<tr><td>和室（小）20畳未満</td><td>130</td><td>210</td></tr>
</table>

附属設備　　　　　　　　　　　　　　　　　　　　　　（単位　円）

附属設備名＼時間区分	午前9時から午後9時まで
グランドピアノ（1回につき）	400

備考
①自治会、いきいきクラブ、女性団体及び子ども会が利用する場合の利用料の額は、上記の表に定める額の半額とする。
②市内に住所を有しない利用者に係る利用料の額は、上記の表に定める額の2倍とする。
③有料で開催する演劇、音楽会等に係る利用料の額は、上記の表に定める額の2倍（市内に住所を有しない利用者については、4倍）の額とする。
※指定管理者は、コミュニティ会館の利用料金について、野田市コミュニティ会館の設置及び管理に関する条例で規定する額の範囲内で教育委員会の承認を得て定めることができる。

(3) コミュニティセンター共用部分
　　管理時間は、午前8時30分から午後9時15分までとする。

(4) 利用料金の減免及び還付
　①コミュニティ会館
　ア　減免
　　・官公署が主催する諸行事及び会議等に利用する場合。　全額
　　・社会福祉協議会、自治会連合会等教育委員会が指定する団体が利用する場合。　全額
　　・社会教育関係団体及び社会福祉関係団体が利用する場合。　100分の50
　　・指定管理者が利用料金を減免する必要があると認めるときは、指定管理者が教育長の承認を得てその都度定める額を減額する。
　イ　還付
　　・既に支払った利用料金は、還付しない。ただし、指定管理者が特別な理由があると認めたときは、この限りではない。

(5) 利用の制限
　　①図書館
　　　　他人に迷惑を及ぼす行為をする者等図書館の管理上支障があると認めるきは、図書館及び図書館資料の利用を制限することができる。
　　　　なお、利用の制限は次のとおりとする。
　　　　・図書館の入館拒否又は退館命令
　　　　・図書館の設備及び図書館資料の利用停止
　　　　・図書館資料の貸出し停止
　　②コミュニティ会館
　　　　公の秩序を乱し、又は善良な風俗を害するおそれがあると認められるときや、設置目的に反すると認められるとき、その他管理上支障があると認められるときは、コミュニティ会館の利用の許可を取り消し、又は許可しないことができる。

(6) 関係法令の遵守
　　業務の遂行に当たっては、関係法令を遵守すること。特に次の法令等に留意すること。
　　地方自治法、労働基準法等労働関連諸法、下請代金支払遅延等防止法、建築物における衛生的環境の確保に関する法律、消防法、建築基準法、図書館法、著作権法、野田市立図書館設置条例、野田市コミュニティ会館の設置及び管理に関する条例、野田市情報公開条例、野田市個人情報保護条例、野田市公契約条例、野田市立図書館の管理及び運営に関する規則、野田市立図書館資料管理規則、野田市コミュニティ会館の管理に関する規則等
　　※本指定期間中に関係法令に改正があった場合は、改正された内容を仕様とする。

(7) 利用許可の基準
　　せきやど図書館については、野田市立図書館設置条例、野田市立図書館の管理及び運営に関する規則の規定に基づき、公平公正に利用許可を行うこと。
　　関宿コミュニティ会館については、野田市コミュニティ会館の設置及び管理に関する条例、野田市コミュニティ会館の管理に関する規則の規定に基づき、公平公正に利用許可を行うこと。

(8) 個人情報の取扱い
　　指定管理者は、野田市個人情報保護条例及び基本協定並びに別記「個人情報の保護に関する事項」に基づき、個人情報保護マニュアルを作成し、個人情報の適正な管理を行うこと。

(9) 情報公開
　　指定管理者は、公の施設の管理に関する情報の公開を行うために基本協定に基づき、必要な措置を講じること。

(10) 行政手続条例の適用について
　　指定管理者は、野田市行政手続条例の適用を受けるので、施設の利用申請を受けた場合には審査及び応答義務が生じ、申請を拒否する場合には理由の提示が必要となる。また、一度行った許可を取り消す場合には不利益処分として聴聞を行い、その理由を提示しなければならない。

5　指定管理者が行う業務

　指定管理者が行う業務の範囲は、次のとおりとする。保守点検業務等の詳細については、別紙個別仕様書のとおりとする。
　なお、業務の執行は指定管理者が自ら行うことを原則とするが、部分的業務については、野田市の承諾を得て専門の事業者に委託できるものとする。

図書館

(1) 図書館の管理運営に関する業務

業　務　内　容	要　求　水　準　等
①電算システムの維持及び管理	興風図書館からの指示による障害時の復旧作業。プログラムの更新作業。その他運営上必要なメンテナンス。
②図書館協議会への対応	会議資料作成の補助。館長若しくはその代理者は、図書館協議会に出席し、興風図書館の指示に従い質疑に対応すること。
③広報原稿の作成の補助	野田市報の新着案内他興風図書館の指示による原稿の作成。
④小破修繕業務	日常、図書館を管理運営する中での小破修繕（1件当たり20万円未満のもの）が判明した際も、指定管理者において対応すること。

(2) 図書館資料の受入、整理及び保存に関する業務
　　野田市立図書館スタッフマニュアル（以下「マニュアル」という。）に基づき業務を実施すること。なお、マニュアルは基本協定締結後に配布することとする。データ作成の基準は、「日本目録規則1987年版改定版」、「日本十進分類法9版」及び「ＴＲＣ　ＭＡＲＣ／Ｕタイプマニュアル」（以下それぞれ、「ＮＣＲ」、「ＮＤＣ」及び「ＭＡＲＣマニュアル」という。）による。

業　務　内　容	要　求　水　準　等
① 利用者要望等に基づく購入候補資料の興風図書館への伝達	所定の書式により随時行うこと。常に蔵書構成及び利用者の動向の把握に努めるとともに出版情報にも注意を払うこと。
②購入図書、寄贈図書の受入、装備及び配架	興風図書館の選定による購入図書を受入及び装備し、随時新着棚に配架すること。寄贈図書資料については、興風図書館の承認を受けて随時行うこと。データについては、新刊全件マークを使用すること。マークのないものについては、データを作成すること。データ作成の基準は、「マニュアル」、「ＮＣＲ」、「ＮＤＣ」及び「ＭＡＲＣマニュアル」に基づくが、「ＮＣＲ」及び「ＮＤＣ」を理解している者が行うこと。購入図書については、装備済のものが納品され小口印押し、帯貼りなど「マニュアル」に基づく作業を行うこと。寄贈図書及び直販購入図書については、ブックカバーフィルム装着も含めた装備をすること。
③CD の受入、装備及び配架	随時。データは、マーク利用。装備については、「マニュアル」に基づく。
④DVD の受入、データ作成及び装備	随時。装備については、「マニュアル」参照。データは、「ＭＡＲＣマニュアル」に基づき作成する。「ＮＣＲ」及び「ＮＤＣ」に関する知識のある職員が行うこと。
⑤雑誌及び新聞の受入、配架及び廃棄	雑誌については、発売日若しくは納品日に受入作業を完了し、配架すること。登録及び装備については、「マニュアル」に基づき行うこと。保存期限を過ぎたものについては、随時更新し、リサイクル又は廃棄すること。 新聞については、朝刊は開館前、夕刊は午後 6 時までに受入及び配架を完了すること。雑誌及び新聞とも受入状況には注意をし、欠号の生じることのないようにすること。紛失や休廃刊による欠号が生じた場合は、興風図書館に報告すること。

業務内容	要求水準等
⑥返却資料の配架及び書架整理	当日分の返却資料については、なるべく当日の内に作業を終了すること。誤配架のないよう適宜チェックするとともに日常的に書架整理を行うこと。ブックポスト内の返却資料については、適宜返却作業を行うこと。また、年末年始の休館の間は、ブックポストの利用に不都合が生じないよう配慮すること。
⑦資料の補修及びCDの研磨並びに除籍候補資料の伝達及び除籍決定資料の除籍	汚破損資料については、随時修理をし、CDについては、研磨をすること。また、利用に耐えない資料が生じた場合は、興風図書館に伝達すること。除籍が決定した資料については、「マニュアル」に基づき除籍すること。また、受入後に一定期間を経過した資料については、興風図書館と協議の上、興風図書館に移管すること。
⑧蔵書点検作業	興風図書館の指定した日数で、業務を完了すること。

(3)図書館奉仕に関する業務

　「マニュアル」に基づき実施し、利用者への応対は丁寧にかつ迅速に行うこと。地区館としてネットワークの一員であることを常に念頭に置き、眼前の利用者のみならず全ての図書館利用者に公正、公平になるように業務を行うこと。

業務内容	要求水準等
①利用者登録、利用者情報の変更及び利用状況照会への対応	利用者情報の登録及び変更は正確に行うこと。
②利用案内	新規登録者に対する利用案内、その他図書館に設置してある機器等の使用方法など利用者それぞれに応じて丁寧に説明すること。
③図書の貸出及び返却	正確にかつ迅速に行うこと。貸出の際には、延滞等必要な事項を利用者に伝えること。返却の際には、資料に異常がないか注意を払うとともにミスのないよう2度返却作業を行うなど工夫をすること。資料の汚破損については、必要な弁償処理を行うこと。
④予約の受付、処理及び連絡	正確にかつ迅速に行うこと。受付の際には利用者の要求に可能な限り応えるように努めること。予約有書架資料一覧の処理も適正に迅速に行うこと。利用者への連絡は、毎日電話及びメール等により行うこと。

⑤相互貸借業務	「千葉県図書館協力マニュアル」、各図書館の利用規則及び相互貸借実施要領等に基づき実施すること。国立国会図書館の資料については、「国立国会図書館協力ハンドブック」の規定に基づき実施すること。
⑥督促業務	はがきでの全館督促は興風図書館で行う。それに伴う利用者からの照会に対する回答を行うこと。予約がある延滞資料への督促は毎日電話で実施すること。その他必要に応じて電話、手紙等で督促をすること。
⑦資料のコピーに関する業務	「著作権法」及び「野田市立図書館資料複写運営要綱」に基づき、申込書の確認や機械操作の説明を行うこと。利用者に「著作権法」及び野田市立図書館の運用方針が説明できる知識を持つようにすること。 なお、複写機使用料は毎月1日から5日の間に、野田市の指定・指定代理・収納代理金融機関から納入すること。
⑧障がい者サービス	原則、興風図書館が行うが、簡易なサービスは行う。その他の事項については、興風図書館と協議すること。
⑨視聴覚ブース、利用者端末及びCD-ROMサーバーの管理業務	視聴覚ブースの貸出管理をするとともに、利用者用端末及びCD-ROMサーバーの管理をすること。

(4)読書普及活動に関する業務

業　務　内　容	要　求　水　準　等
①おはなし会の実施	「野田市立図書館おはなし会実施要綱」により最低週1回以上実施。ボランティアと協働で、読み聞かせとストーリーテリングを行い、経験者が行うことが望ましい。また、指定管理者による研修に努めるとともに、興風図書館が指定する研修を受講すること。
②ブックスタート事業の実施	興風図書館と協議の上、3か月健診時に関宿保健センターで実施すること。ボランティアと協働し、月1回実施。絵本の手渡し及び読み聞かせの実演を行うこと。来場されなかった方に対しては、せきやど図書館において同じことを行うこと。

③体験学習、図書館実習及び視察への対応	随時、興風図書館と協議の上行い、積極的に受け入れること。
④推薦図書リストの作成	随時、興風図書館と協議の上行うこと。
⑤講座、展示事業及び館内装飾の実施	将棋関係資料をはじめ、郷土資料を積極的に活用すること。随時、興風図書館と協議の上行うこと。
⑥地区内小中高校及び関連施設との連携	積極的に連携協力するものとし、新規の事業については興風図書館と協議の上行うこと。
⑦リサイクル事業	リサイクルコーナーを設置し、不要資料は除籍の上、随時来館者に提供すること。
⑧その他読書普及活動に関する業務	興風図書館と協議の上行うこと。
⑨図書の販売	野田市が指定する図書等について販売を行うこと。また、在庫管理を厳正にし、売上金は随時野田市の指定・指定代理・収納代理金融機関から納入すること。

コミュニティ会館
（1）コミュニティ会館の施設の貸出に関する業務

業務内容	要求水準等
①利用許可申請書の受理 ②利用取消（変更）申請書の受理 ③利用許可（取消及び変更）申請に対する可否の決定 ④利用許可書の交付 ⑤利用制限通知書の交付 ⑥利用料金減免申請書の受理 ⑦利用料金減免措置の決定 ⑧利用料金の収受 ⑨施設の案内及び利用上の遵守事項の指示	「野田市コミュニティ会館の設置及び管理に関する条例」及び「野田市コミュニティ会館の管理に関する規則」に基づき実施すること。ただし、指定管理業務開始以前において既に申請があり、許可されている施設の利用については、そのまま引き継ぐこと。 利用者に対して公平な施設及び設備の貸出を行うとともに、利用しやすい受付方法と体制をとること。施設及び備品の貸出に際しては、丁寧な説明をすること。 申請書等についても準備すること。

（2）コミュニティ会館の設備等の維持管理に関する業務

業務内容	業務概要	要求水準
舞台機構設備保守点検業務	常に良好な状態で利用できるよう保守点検を行うとともに、故障等については適切に処理をする。	別紙1舞台機構設備保守点検業務仕様書のとおり（年1回）

業務内容		
舞台照明設備保守点検業務	常に良好な状態で利用できるよう保守点検を行うとともに、故障等については適切に処理をする。	別紙2舞台照明設備保守点検業務仕様書のとおり（年1回）
段差解消機保守点検業務	常に良好な状態で利用できるよう保守点検を行うとともに、故障等については適切に処理をする。	別紙3段差解消機保守点検業務仕様書のとおり
ピアノ調律	常に良好な状態でピアノの利用ができるよう、調律を実施する。	年間1回
レンタルモップのリース	施設を清潔に保つよう、モップを定期的に交換することとする。	モップ20本／年（5本／3月）

その他、図書館、コミュニティ会館の管理運営に関する業務

（1）図書館、コミュニティ会館の管理に関する業務

業務内容	要求水準等
①施設及び備品の管理	施設及び備品の管理には細心の注意を払い、業務に支障が生じないよう管理すること。施設及び備品の修繕については別に責任分担を定める。防災、防犯に留意すること。防災訓練等を実施し、日頃より、災害時には対応のとれる体制を整備しておくこと。館内を定期的に巡回するなどし、防犯に努め、他の利用者への迷惑行為の抑止に努め、快適な利用環境づくりに配慮すること。
②小破修繕業務	日常、管理運営する中で小破修繕（1件当たり20万円未満のもの）が判明した際も、指定管理者において対応すること。
③病害虫防除管理	せきやど図書館及び関宿コミュニティ会館における病害虫の防除においては、「野田市の施設等における農薬・殺虫剤等の適正使用に係る基本指針」に基づき、防除管理者を定めるとともに、施設ごとに「農薬・殺虫剤等の薬剤の適正使用マニュアル」を作成して適正に病害虫の防除を行なうこと。

（2）図書館、コミュニティ会館の運営に関する業務

業務内容	要求水準等
①勤務者の管理（雇用、勤務管理及び研修）	① 書館 せきやど図書館に図書館長を置く。図書館長については、司書資格保有者、図書館勤務経験者又は同等の能力があると認められる者を雇用し、その他の職員については、司書資格保有者など専門的な業務を執行できる能力を有するものを必要数雇用し、業務に支障のないようカウンターに要員が配置されていること。職員の70％以上が司書資格を保有していることが望ましい。研修については、サービス水準向上のため積極的に行うとともに、興風図書館、千葉県

		立図書館又は千葉県公共図書館協会が主催する研修会に興風図書館と協議の上、出席すること。 ② コミュニティ会館 利用の受付に支障のないよう要員を確保するとともに、接遇などの研修を行いサービス水準の向上を図ること。なお、図書館業務に支障がない範囲内で、図書館業務と受付業務を兼務することは可とする。
②興風図書館との連絡調整		月に一度定例館長会議に館長若しくは代理者が出席すること。また、必要に応じて随時行う館長会議に出席すること。
③コミュニティ会館懇話会の実施		コミュニティ会館利用者、地域住民等による懇話会を年2回以上実施すること。
④視察への対応		興風図書館の指示に基づき資料の作成及び案内説明を行うこと。
⑤文書及び郵便物の収受、発送及び保存並びにちらしポスターの管理		文書の取り扱いは、「野田市文書管理規程」に基づき行うこと。調査及び照会への回答については、興風図書館の指示により行うこと。
⑥統計業務及び各種報告書の作成		図書館及びコミュニティ会館の利用状況等を毎月定められた期日までに提出すること。条例及び規則に基づく業務報告書及び収支報告書を提出すること。この他、興風図書館の指示に応じて必要な報告書を作成し、提出すること。
⑦意見、要望及び苦情処理		各施設固有のものは施設の責任において迅速かつ誠実に処理し、興風図書館に報告すること。処理が困難と思われるものは、事前に興風図書館に相談すること。全体のサービスに係わるもの又は他施設に係わるものについては、興風図書館の指示に従うこと。
⑧財務及び会計業務		指定管理に係る経費を適正に管理すること。
⑨備品等物品の管理		備品については、野田市の貸与したものを使用し、野田市物品管理規則第17条の規定に基づき管理すること。備品の購入については野田市の責任とする。消耗品については、無駄のない執行を心がけること。 年1回、図書館内の利用者用イスのクリーニングを行うこと。また、会館内の座布団カバー等、随時クリーニングを行うこと。
⑩自主事業の実施		自主事業を実施するに当たっては、事前に計画書を提出し、市の承認を得るものとする。

⑪保険の加入	施設賠償保険は、以下と同等以上の保険に加入すること。 ○身体賠償 　1人につき1億円 　1事故につき10億円 ○財物賠償 　1事故につき2千万円
⑫その他図書館及びコミュニティ会館の管理運営	各施設の趣旨を十分理解し、業務を遂行するものとする。その他、不明な事項等が発生した場合については、野田市と指定管理者が誠意を持って協議し、決定するものとする。
⑬その他	関根名人記念館の平日夜間の管理業務を実施すること。別紙仕様書参照

6　管理体制

（1）職員の配置については、現場の責任者として図書館長1人、業務責任者1人、業務副責任者2人、図書館業務兼コミュニティ会館業務従事者として7人以上を雇用すること。

（2）図書館が開館している時には、館長、業務責任者、業務副責任者の内、1人以上を配置して、適切な指揮監督を行う体制とするとともに、2階カウンター要員として2人以上、3階カウンター要員として2人以上を配置すること。

（3）コミュニティ会館専任業務従事者を2人雇用し、コミュニティ会館のみ開館している時には、1人以上を配置すること。

7　雇用等への配慮

雇用に際しては、地元住民を可能な限り雇用するように努めるとともに、物品及び役務の調達に当たっても、可能な限り地元業者に発注するように努めること。

8　自主事業について

指定管理者は施設の設置目的を効果的に達成するため、本施設を活用し自主事業を実施することができる。なお、自主事業の実施については次の点に留意すること（自主事業とは、指定管理者が自己の責任と経費において、イベントやそれに付随する販売などを実施することをいう）。

（1）指定管理者が自主事業を実施する場合には、あらかじめ教育委員会と協議し必要な許可を得なければならない。自主事業が、野田市の施設としてふさわしくない場合は許可しないことがある。

（2）実施に際しては、市民の利用を妨げないよう配慮するとともに市民が参加しやすい料金設定をするようにすること。
（3）自主事業に要する経費に野田市が支払う指定管理料を充てることはできない。
（4）事業計画書において提案された自主事業の採否については、協定を締結する際にあらためて協議するものとする。なお、提案された自主事業が認められないことにより、申請自体を辞退する可能性がある場合、その旨を事業計画書に明示すること。
（5）自主事業が、本来業務（指定管理業務）に支障を与えていると判断される場合、自主事業の改善、中止を命じる場合がある。

9　指定管理者と野田市の責任分担

責任の内容		責任の分担
施設等の損傷	施設等の管理上の瑕疵によるもの。	指定管理者
	上記以外のもの。	事案の原因ごとに判断し、野田市と指定管理者が協議して定める。
利用者等への損害賠償	施設等の管理上の瑕疵によるもの。	指定管理者
	上記以外のもの。	事案の原因ごとに判断し、野田市と指定管理者が協議して定める。
施設等の修繕	施設等の大規模な修繕	野田市
	施設等の小破修繕（1件当たり20万円未満のもの。）※1	指定管理者
保険の加入	火災保険	野田市
	施設賠償責任保険	指定管理者

※1　施設等の小破修繕のうち野田市が付保した保険が適用できる場合については、その保険を適用するものとし、保険により補てんされた金額を除いた額を指定管理者の負担とする。
※2　本表に定めのない場合又は疑義がある場合は、双方の協議の上決定する。

10　指定期間

平成26年4月1日から平成31年3月31日までの5年間とする。

11　管理に関する経費

（1）管理に係る経費（指定管理料）
　　　管理に係る経費（指定管理料）は、申請書に添付した収支予算書（指定管

理料見積書）（様式3）がそのまま採用されるのではなく、会計年度ごとに野田市と指定管理者の協議に基づき決定する。また、管理に係る経費（指定管理料）は、年度協定の中で締結する。なお、原則として指定管理料は、精算しない。

（2）管理に関する経費の支払
　　　指定管理料の支払方法は口座振込みとし、支払時期は野田市と指定管理者の協議に基づき決定し、年度協定の中で締結する。

（3）野田市が支払う指定管理料に含まれるもの
　　　人件費、旅費、消耗品費（別添分担リストによる）、印刷製本費、修繕料、通信運搬費、手数料、保険料、業務委託料、保守点検費、賃借料、その他

（4）利用料金等の収入
　①　利用料金収入
　　　指定管理者は、コミュニティ会館の利用料金について、野田市コミュニティ会館の設置及び管理に関する条例で規定する額の範囲内で野田市教育委員会の承認を得て定めることができる。これにより徴収する利用料金は指定管理者自らの収入とする。
　②　自主事業による収入
　　　自主事業による収入は指定管理者の収入とする。
　③　使用料等の収入
　　　図書館で販売する図書館刊行物及び野田市の発行する書籍の売払い代金、紛失図書弁償金及び複写機使用料は野田市の収入とする。

１２　備品の管理

（1）指定管理者は、野田市教育委員会の所有に属する備品（別紙備品一覧）については、そのまま使用できるが、野田市物品管理規則に基づき適正に管理すること。
（2）施設における活動に支障を来さないよう、備品の管理を行うとともに、不具合等の生じた備品は、責任分担に従い２０万円未満の修繕については指定管理料で修繕すること。
　　　なお、修理できない備品については、野田市教育委員会に破損の報告を行うこと。野田市教育委員会は、必要性を判断して備品の更新を行うこととする。
（3）指定管理者が新たに必要であると判断し備品を購入するときは、あらかじめ野田市と協議すること。購入した備品類の所有権は、指定管理者に帰属し、当該備品に不具合等が生じた場合の修繕については、指定管理者が負担する

こと。
（４）備品の管理に当たっては、備品台帳を保管し、変更があった場合は更新すること。

１３　災害・事故対策

（１）指定管理者のサービス提供方法、従業員の責任等に起因する災害及び事故については、指定管理者が責任を負うものであること。
（２）災害、事故及び犯罪等が発生したときは、速やかに野田市及び関係機関に報告すること。ＡＥＤについての使用方法を修得すること。
（３）野田市内において震度４以上の地震が発生した場合には、速やかに被害状況を確認し、興風図書館へ報告すること。
（４）いちいのホールは、「野田市地域防災計画」により避難所に指定されており、災害発生により避難所が開設された場合は、避難所の設営や維持管理について、避難所が閉鎖されるまでの間、避難所に配置された災害活動職員（野田市職員）の支援及び協力を行うこと。
（５）緊急時の対応マニュアルや緊急連絡網を作成すること。
（６）いちいのホール防火管理者の指示に従い防災計画を策定し、避難訓練を行い、利用者の安全確保に努めること。

１４　防犯対策

　　施設内の危機、安全管理及び防犯のため巡回を行うとともに、無人となる時間帯に火災や建物内への侵入などのトラブルが発生した場合は、いちいのホールの施設管理担当者と連携して直ちに被害状況を確認し、野田市及び関係機関に連絡するとともに迅速に対応すること。

１５　苦情処理

　　利用者等から管理業務に関する苦情が出た場合は、適切な対応を行い、円満な解決に努めること。苦情を処理した場合、野田市に報告すること。処理が困難なものについては、野田市と協議すること。

１６　事業計画

　　指定管理者は、当該年度の事業計画を策定し、野田市に報告すること。

17　公契約条例について

(1) 条例の適用

　野田市では、公契約に係る業務の質の確保及び公契約の社会的な価値の向上を図るため、平成21年9月に「野田市公契約条例（平成21年野田市条例第25条）」を制定し、平成24年10月の条例改正により、当該指定管理業務に従事する適用労働者に、本仕様書16ページの表「市長が定める賃金の最低額一覧」に記載されている最低額以上の賃金を支払わなければならないほか、労働者の適正な労働条件の確保等を求めることとしている。

　詳細については、別添の「野田市公契約条例に係る特記事項（指定管理募集用）」を参照のこと。基本協定締結時は、「野田市公契約条例に係る特記事項（指定管理基本協定用）」。

(2) 比較する賃金の構成

　最低額と比較する賃金は、最低賃金法（昭和34年法律第137号）に基づく最低賃金制度に定める「所定内給与」のうち、基本給及び諸手当（精皆勤手当、通勤手当、家族手当は除く。）とし、これらの賃金等を1時間当たりに換算した額となる。

　また、次の手当は評価する賃金に含めない。
・臨時に支払われる賃金（結婚手当など）
・1か月を超える期間ごとに支払われる賃金（賞与など）
・所定労働時間を超える時間の労働に対して支払われる賃金（時間外割増金など）
・所定労働日以外の労働に対して支払われる賃金（休日割増賃金など）
・午後10時から午前5時まで間の労働に対して支払われる賃金のうち通常の労働時間の賃金の計算額を超える部分（深夜割増賃金など）

表　市長が定める賃金の最低額一覧

単位：円／時間

職　　　　種	賃金
図書館業務に従事する者※	1,096 円
コミュニティ会館業務に従事する者	830 円

※　司書資格を有していない場合でも、図書館業務に従事している者は対象とする。
　2つ以上の業務を兼務している場合は、賃金額の高い職種で比較すること。

18　状況報告及び現地検査

　野田市は、管理及び業務の状況等について、指定管理者に報告を求めることができ、必要に応じて、現地検査を行うことができる。

19　管理運営業務を実施するに当たっての遵守事項

　管理運営業務を実施するに当たっては、次に掲げる事項を遵守して、円滑かつ効率的に実施すること。

（1）図書館及びコミュニティ会館が公の施設であることを常に念頭におき、公平な運営を行い、特定の利用者に有利あるいは不利になる運営を行わないこと。
（2）野田市との連携を図った運営をすること。
（3）指定管理者が施設の管理運営に係る規程等を定めるときは、野田市と事前に協議すること。
（4）施設の管理運営に係る規程等が定められていないときは、野田市の条例等に準じて又は野田市と協議の上運営すること。

20　指定の取消し

　指定管理者が行う管理運営の適正を期すため、次に掲げる事由に該当する場合には、地方自治法第244条の2第11項の規定により、指定管理者の指定を取消し、又は期間を定めて管理運営の全部若しくは一部の停止を命ずることがある。

（1）指定管理者が、野田市が行う報告の要求、実地調査又は必要な指示に従わないとき。
（2）指定管理者による管理を継続することが、適当でないと野田市が認めるとき。

21　業務開始について

　平成26年4月1日からの指定管理者による管理業務が円滑に行われるよう、指定期間の開始日前から準備を行うこと。また、前任者との引継ぎを行い、前任者が受け付けた予約を引き継ぐこと。

22　指定期間満了時等の引継ぎについて

　指定期間内に指定が取り消された場合又は次期指定管理者（候補者も含む。）が決定した場合は、業務の円滑な引継ぎについて野田市及び次期指定管理者に対して協力するとともに、業務に関する調整や必要な書類及びデータの提供を行うこと。なお、これらの引継ぎにかかる費用は現在及び次の指定管理者の負担とする。

23 特記事項

（1）野田市が行う事業等については、優先的使用を認めること。
（2）行政財産目的外使用許可は、野田市が行う。
（3）指定管理開始前における準備、研修等に係る経費は、指定管理者の負担とする。また、指定管理終了時における次の指定管理者への引継ぎを十分行い、その経費も指定管理者の負担とする。
（4）定期的に開催するいちいのホール定例会には必ず出席し、いちいのホール全体の管理に係る事項については野田市の指示に従うものとする。

24 協議

　この仕様書に定めがない事項又は疑義が生じた場合は、野田市と指定管理者が協議の上決定する。

1 公契約条例制定の背景と経緯

　市が発注する公共工事及び業務委託に関する入札並びに契約手続きにおいて、より競争性が発揮され、公平・公正で透明性を確保するため、条件付一般競争入札の対象の拡大、電子入札の導入を進めるとともに、価格のみの競争から、価格と品質が総合的に優れた調達に向け、入札額だけではなく事業者の提案や技術力等も評価するプロポーザル方式やコンペ方式、「公共工事の品質確保の促進に関する法律」に位置づけられた総合評価落札方式の導入など契約制度の各種改正に取り組んできた。

　また、過剰な競争を排除し、事業者の適正な利潤の確保と保証を目的として、工事及び業務委託に最低制限価格制度を実施し、その充実を図ってきた。なお、1億5千円以上の工事については低入札調査制度の対象となっている。

　しかしながら、経済が低迷する中、事業者にとっては困難な経営環境が続いていること、公共工事設計労務単価も10年間で3割も減少するなどその雇用者も厳しい就労環境にあること等を伺ってきており、公共工事前払金対象範囲等の拡大にも努めてきた。

　平成21年2月に尾立参議院議員から参議院議長あてに提出された質問主意書に対して、麻生総理大臣から議長に送付された答弁書において「条例において、地方公共団体の契約の相手方たる企業等の使用者は、最低賃金法第9条第1項に規定する地域別最低賃金において定める最低賃金額を上回る賃金を労働者に支払わなくてはならないとすることは、同法上問題となるものではない」とされ、公契約条例制定についての法的問題はないことが公式に確認された。

　平成21年7月に「公共サービス基本法」が施行され、第11条（公共サービスの実施に従事する者の労働環境の整備）に「国及び地方公共団体は、安全かつ良質な公共サービスが適正かつ確実に実施されるようにするため、公共サービスの実施に従事する者の適正な労働条件の確保その他の労働環境の整備に関し必要な施策を講ずるよう努めるものとする。」と規定された。

　千葉県野田市において、全国で初めてとなる公契約条例が平成21年9月に全会一致で可決、制定され、22年2月から施行された。続いて政令指定都市である川崎市において公契約条項を盛り込んだ契約条例の改正が、22年12月に全会一致で可決され、23年4月から施行された。

　本市においても、平成18年3月「公共事業における賃金確保法『公契約法』の制定を求める意見書の提出に関する陳情」が採択されており、厳しい経済環境が続く中で、全国的な動きを踏まえ、公契約条例についての調査、研究を行ってきた。

　平成22年4月、公契約条例の制定を公約に掲げた阿部市長の就任後、多摩市にふさわしい公契約条例についての本格的な検討を開始し、庁内に公契約制度検討組織の設置、野田市、川崎市への視察、事業者への「労働環境アンケート」実施、「公契約条例制定に向けた基本的な考え方」のパブリックコメント、説明会の実施、そして「公契約制度に関する審査委員会」による公契約条例案の審査等を踏まえ、平成23年12月議会に公契約条例が付議され、全会一致で可決、制定された。

2 公契約条例の概要

　本条例の目的は、市長及び受注者が相互に対等平等な関係にあることを、指定管理協定にあっては市長等及び受注者が共同して公の施設の管理の責任を負うことを前提として、両者が協力、共同して公契約条例に規定するそれぞれの責務を果たし、市が締結する請負契約に基づく業務及び市が指定管理者に行わせる公の施設の管理業務において、当該業務に従事する者の適正な労働条件を確保し、もって労働者の生活の安定を図り、公共工事及び公共サービスの質の向上に資するとともに、地域経済及び地域社会の活性化に寄与することである。

(1) 適用契約等
①5,000万円以上の工事・製造の契約
②1,000万円以上の委託契約で市長が定めるもの
③指定管理者で市長・教育長が必要と認めたもの
④その他、市長が特に必要と認めた契約
※公契約条例に対象となる案件の発注の際には、当該契約案件が公契約条例の対象契約案件であることが入札参加者等にわかるように、その旨を条件付一般競争入札の公告、指名通知書、見積依頼書等に記載する。

(2) 対象労働者の範囲
受注者（元請）に雇用される者、受注関係者（最終下請まで）に雇用される者、派遣社員、一人親方、※雇用される者には日雇い労働者、アルバイト、パートを含む

(3) 労務報酬下限額
①工事・製造
熟練労働者とそれ以外に分け、市長がその割合を定める
熟練労働者は公共工事設計労務単価を基に市長が定める金額
それ以外の者（未熟練者等）は委託・指定管理者の労働者と同額
②業務委託・指定管理者
当該業務の標準的な賃金で、当面の間は生活保護基準を下回らない額
60歳以上は対象外

(4) 受注者の責務
全労働者の労務報酬台帳の整備・報告、全労働者への周知・申し出への対応と不利益取扱いの禁止、市の立入検査の受入れ、受注者と受注関係者の労務報酬下限額支払いの連帯責任、業務委託・指定管理協定では受注者変更時の継続雇用の努力
違反⇒是正命令⇒是正報告⇒是正等されない場合は契約解除・公表⇒損害賠償又は違約金・指名停止

(5) 公契約審議会
労務報酬下限額・その他重要事項の答申、条例施行状況の検証
委員内訳：学識経験者1名、事業者2名、労働者2名、必要に応じ臨時委員

3 公契約条例の適用範囲

公契約条例の適用を受ける契約は、契約方法（一般競争入札、指名競争入札、随意契約）にかかわらず締結する契約のうち、次のとおりとする。

◆工事又は製造の請負契約
- 予定価格５０００万円以上の工事請負契約
- 予定価格に係らず適用する必要があると市長が特に認めた工事請負契約

◆工事又は製造以外の請負契約
- 予定価格１０００万円以上の次の業務委託契約のうち下表もの

対象業務	種目
①施設又は公園の管理業務	市役所本庁舎等総合管理業務委託　等
②施設・下水道管渠等清掃業務	公共下水道管渠調査清掃業務委託　等
③街路樹等の維持管理業務	小中学校他樹木管理業務委託　等
④可燃物等の収集運搬業務	可燃物等収集運搬業務委託　等
⑤送迎バスの運行業務	移動教室及び合同実踏送迎用バス借上　等
⑥子育て支援に関する業務	学童クラブ運営業務委託　等
⑦高齢者支援に関する業務	いきがいデイサービス事業業務委託　等
⑧障がい者支援に関する業務	地域活動支援センター事業業務委託　等

- 予定価格に係らず適用する必要があると市長が特に認めた業務委託契約

◆指定管理協定のうち、市長等が必要であると認めた下表のもの

施設名
複合文化施設（パルテノン多摩）
多摩中央公園内駐車場
永山駅駐輪場
多摩センター駅東駐輪場
多摩センター駅西駐輪場
温水プール
総合福祉センター
永山複合施設（ベルブ永山）駐車場
多摩市立総合体育館
一本杉公園野球場、関戸公園野球場、諏訪南公園野球場、諏訪北公園野球場、貝取南公園野球場
一本杉公園庭球場、永山南公園庭球場、諏訪北公園庭球場、貝取北公園庭球場、愛宕東公園庭球場、一ノ宮公園庭球場、連光寺公園庭球場、多摩東公園庭球場、奈良原公園庭球場
諏訪南公園球技場、貝取南公園球技場、一ノ宮公園球技場、宝野公園球技場、和田公園球技場
大谷戸公園キャンプ練習場

＊予定価格は、消費税込みの額とする。
＊公契約適用となる案件発注時には、その旨を一般競争入札の告示、指名通知書、見積依頼書等に記載する。

◎公契約条例の適用を受ける契約は、**多摩市公式ホームページで公表します。**

4　公契約条例の適用労働者の範囲

公契約条例の規定が適用される労働者の範囲は下表のとおりとする。

受注者及び下請負者に雇用され、公契約に係る業務に従事する者（正社員、日雇い労働者、パート、アルバイト、等）
労働者派遣法の規定により公契約に係る業務に派遣する者
自らが提供する労務の対価を得るため、受注者又は下請負者との請負の契約により公契約に係る業務に従事する者（いわゆる一人親方）

＊適用労働者は、受注者に雇用される者だけでなく下請業者、再委託業者に雇用されるものを含む。

【公契約条例の適用労働者の範囲から除く者】

業務委託及び公の施設の指定管理にあっては、満60歳以上の者
同居の親族のみを使用する事業又は事務所に使用される者及び家事使用人
労働者ではない者（ボランティア、会社役員等）
最低賃金法第7条の規定により最低賃金の減額の特例を受ける者（ただし、使用者が都道府県労働局長の許可を受けている者に限る）
公契約に従事した時間が30分未満の者
現場技術者（現場代理人、主任技術者）・・・**（工事又は製造の請負契約の場合）**
適用労働者が何らかの都合により、一時的に工事等に従事しない日について、適用労働者の代わりに従事する者

5　労務報酬下限額

　労務報酬下限額とは、公契約条例の対象となる請負契約、指定管理協定において受注者及び受注関係者が労働者等に支払わなければならない労務報酬の下限となる1時間当たりの額をいう。

　労務報酬下限額は、公契約審議会からの答申を踏まえ、市長が毎年定め、告示するものとし、翌年度に締結する請負契約（予定価格5,000万円以上の工事請負契約。予定価格1,000万円以上の業務委託のうち、市長が定めるもの。）、市長が必要と認めた指定管理協定、及び市長が特に必要と認めた請負契約に適用する。

　労務報酬下限額は、当該契約締結時の労務報酬下限額を適用する。このため、複数年に及ぶ請負契約においては、当該契約締結の翌年度以降に労務報酬下限額が改定されてもその額の適用とはならず、当該契約締結時の労務報酬下限額を適用する。

　平成26年度・平成25年度・平成24年度の労務報酬下限額については、資料2（15・16・17頁）、資料3（18頁）に掲載。

労務報酬下限額の勘案基準

契約の種類	労働者の区分	勘案基準
工事又は製造の請負契約	(a)熟練労働者、一人親方	公共工事設計労務単価の 90％に基づき定める1時間当たりの金額
	(b) 熟練労働者以外の者	当該業務の標準的な賃金と認められる1時間当たりの金額（当面の間、生活保護水準を下回らない額） ＊平成２７年度：９８８円、平成２６～２４年度：９０３円
業務委託のうち、市長が別に定めるもの	業務に従事する労働者但し、満60歳以上の者は除く。	当該業務の標準的な賃金と認められる1時間当たりの金額（当面の間、生活保護水準を下回らない額） ＊平成２７年度～平成２４年度：９０３円
指定管理協定のうち、市長等が必要であると認めたもの		

＊公共工事設計労務単価は、工事の職種ごとに単価（日額）が設定されているため、労務報酬下限額においても、その設定された職種ごとに労務報酬下限額（時給）を設定する。平成２６年度・平成２５年度・平成２４年度の工事又は請負契約における職種ごとの労務報酬下限額は資料2（15頁・16頁・17頁）に掲載。

＊従事する労働者を51職種のどの職種にあてはめたらよいかは、公共事務労務費調査手引きに記載されている参考資料－4　調査対象職種の定義・作業内容を参考にして下さい。

＊工事における**従事業種ごとの**全労働者の毎月の労働時間の中で(a)熟練労働者の労働時間は、(a)÷((a)＋(b))＝0.80以上とする。

＊(a)(b)の対象者は、事業主の判断により定め、公契約条例対象　労務台帳（以下「労務台帳」という。）に明示する。

6 労務報酬の算定方法

公契約における労務報酬とは、受注者、受注関係者から労働者に支払われる賃金や請負契約における請負金額をいう。

ただし、契約の種類及び労働者に応じて労務報酬に算定する手当等は以下のとおり異なる。

市へ提出する労務台帳〔資料4～8（19～23頁）〕に労務報酬額の記載欄はないが、報告及び立入検査等が必要となった場合等は状況確認するので、各労働者の公契約に係る労務報酬を算定しておくこと。

契約の種類及び労働者	労務報酬に算定する手当等
工事又は製造の請負契約における対象労働者のうち、労働基準法第9条にいう労働者であって熟練労働者	基本給、出来高給、労働基準法第37条第1項及び第4項に規定する割増賃金（時間外・休日・深夜労働等に係る割増賃金）、家族手当、扶養手当、通勤手当、都市手当、地域手当、住宅手当、役職・現場・技能・資格手当等（当該対象労働者の本来業務に対して支払われるもの）、有給休暇手当、精勤手当、現物給与（通勤用定期・食事等）、賞与（期末手当、勤勉手当等のボーナス）注1
工事又は製造の請負契約における対象労働者のうち、請負契約におけるいわゆる一人親方	公契約に係る作業に従事するために締結した請負契約における請負代金として支払われるもの（消費税及び地方消費税に相当する部分を除く）。請負代金が、その業務に係る作業の出来高に応じて支払われる場合は、その支払われる額。
工事又は製造の請負契約における対象労働者のうち、熟練労働者以外の者	時間外・休日・深夜労働の割増賃金の算定の基礎となる賃金及び時間外・休日・深夜労働の割増賃金のうち当該公契約において従事した作業に係る部分
業務委託のうち、市長が別に定めるものにおける労働者	
指定管理協定のうち、市長等が必要であると認めたものにおける労働者	

＊労務報酬は、税金や社会保険料等を控除する前のものであって、実際に手元に支払われる、いわゆる手取りの賃金とは異なる。

＊上の表における手当等の名称は、法令で用いられる名称、一般的に用いられている名称であり、手当等の算定については、名称のみではなく支給基準や支給実態によって判断する。

注1 期末手当、通勤手当等、複数回数分がまとめて支払われる手当の算定にあたっては、直近に支払われた当該手当を、対応する支払回数で除して得た額を当該労務報酬額が支払われるべき日（給料日等）に支払われた手当に相当する額として算定する。

（例）前年12月に賞与60万円の支払い（6か月分）があった時の4月の労務報酬に算定する額（月払いの場合）　60万円÷6（月）＝10万円　を算定額に加算する。

契約の種類及び労働者	労務報酬に算定しない手当
工事又は製造の請負契約における対象労働者のうち、労働基準法第9条にいう労働者であって熟練労働者	各職種の通常の作業条件・内容を超えた特殊な労働に対する手当、使用者の責に帰するべき事由により労働者を休業させたことに対する休業手当。労働者持ちの工具、車両の損料等賃金ではなく経費の負担に当たる手当。
工事又は製造の請負契約における対象労働者のうち、請負契約におけるいわゆる一人親方	調達した資材や持ち込んだ機械等に係る経費
工事又は製造の請負契約における対象労働者のうち、熟練労働者以外の者	家族手当、通勤手当、別居手当、子女教育手当、住宅手当、臨時に支払われた賃金、1ヶ月を超える期間ごとに支払われる賃金
業務委託のうち、市長が別に定めるものにおける労働者	
指定管理協定のうち、市長等が必要であると認めたものにおける労働者	

＊工事又は製造の請負契約における熟練労働者の各手当等の詳細は、公共事業労務費調査連絡協議会作成の「公共事業労務費調査の手引き」にある手当の基準内・外の区分に準じる。
＊工事又は製造の請負契約における熟練労働者以外の者、業務委託及び指定管理協定における労働者の各手当等の詳細は、労働基準法施行規則第20条及び第21条に準じる。

7 受注者の連帯責任等

受注者は受注関係者が支払う賃金等が市の定める労務報酬下限額を下回った時は、その差額分について、支払うよう指導するとともに当該受注関係者と連帯して支払う義務が生じる。
また、受注者は受注関係者にそのほかにも公契約条例違反があった場合は、改善を指導し、遵守させること。

8 継続雇用（業務委託、公の施設の指定管理）

継続性のある業務委託及び公の施設の指定管理においては、その業務に従事する労働者の雇用の安定と業務の質の維持や継続性の確保を図るため、入札等により受注者が変わった場合、従前の受注者に雇用されていた労働者のうち、継続しての雇用を希望する者については、勤務成績の不良等、特段の理由のない限り、継続して雇用するよう努めること。

平成26年度公契約条例対象案件一覧（平成27年3月末日現在）

【委託】

No.	分類	件名	事業者名	契約日	履行期限
1	施設又は公園の管理業務	市役所本庁舎等総合管理業務委託	株式会社京王設備サービス 桜ヶ丘支店	H24.8.2	H27.9.30
2	施設又は公園の管理業務	多摩市立陸上競技場維持管理業務委託	東京ヴェルディ1969フットボールクラブ(株)	H26.4.1	H27.3.31
3	施設又は公園の管理業務	自転車等対策業務委託（その2）	株式会社ケイミックス 多摩営業所	H26.4.1	H27.3.31
4	施設又は公園の管理業務	公園及び運動施設樹木等管理委託（その1）	株式会社植龍緑化	H26.4.1	H27.3.31
5	施設又は公園の管理業務	公園及び運動施設樹木等管理委託（その2）	有限会社岸農園	H26.4.1	H27.3.31
6	施設又は公園の管理業務	公園及び運動施設樹木等管理委託（その3）	株式会社多摩上造園	H26.4.1	H27.3.31
7	施設又は公園の管理業務	公園及び運動施設樹木等管理委託（その4）	株式会社楢原	H26.4.1	H27.3.31
8	施設又は公園の管理業務	公園及び運動施設樹木等管理委託（その5）	株式会社多摩ニュータウンサービス	H26.4.1	H27.3.31
9	施設又は公園の管理業務	市立公園管理業務委託（Aブロック）	株式会社植龍緑化	H25.4.1	H28.3.31
10	施設又は公園の管理業務	市立公園管理業務委託（Bブロック）	有限会社岸農園	H25.4.1	H28.3.31
11	施設又は公園の管理業務	市立公園管理業務委託（Cブロック）	株式会社多摩上造園	H25.4.1	H28.3.31
12	施設又は公園の管理業務	市立公園管理業務委託（Dブロック）	株式会社楢原	H25.4.1	H28.3.31
13	施設又は公園の管理業務	市立公園管理業務委託（Eブロック）	株式会社多摩ニュータウンサービス	H25.4.1	H28.3.31
14	施設又は公園の管理業務	多摩中央公園管理業務委託	株式会社多摩ニュータウンサービス	H25.4.1	H28.3.31
15	施設又は公園の管理業務	多摩東公園管理業務委託	株式会社植龍緑化	H25.4.1	H28.3.31
16	施設又は公園の管理業務	一本杉公園及び一本杉公園体育施設管理業務委	株式会社楢原	H25.4.1	H28.3.31
17	施設又は公園の管理業務	中沢池公園花菖蒲他管理業務委託	株式会社多摩上造園	H25.4.1	H28.3.31
18	施設又は公園の管理業務	テニスコート整備業務委託	桜ヶ丘造園株式会社	H25.4.1	H27.3.31
19	施設又は公園の管理業務	野球場等整備業務委託	奥山スポーツ土木株式会社	H25.4.1	H28.3.31
20	施設又は公園の管理業務	資源化センター資源物選別等管理運営業務委託	多摩市リサイクル協同組合	H25.12.27	H29.3.31
21	施設又は公園の管理業務	永山公民館施設総合管理委託	ベルブ永山管理組合管理者新都市センター開発(株)	H26.4.1	H27.3.31
22	施設又は公園の管理業務	公民館施設総合管理業務委託	株式会社オール商会	H26.4.1	H27.3.31
23	街路樹等の維持管理業務	平成26年度小中学校他樹木管理業務委託	有限会社聖樹園	H26.5.26	H27.3.20
24	街路樹等の維持管理業務	平成26年度小中学校他法面維持管理業務委託	有限会社石川造園	H26.5.26	H26.11.28
25	街路樹等の維持管理業務	街路樹等維持管理業務委託（A）	株式会社市川造園	H25.4.1	H28.3.31
26	街路樹等の維持管理業務	街路樹等維持管理業務委託（B）	有限会社岸農園	H25.4.1	H28.3.31
27	街路樹等の維持管理業務	街路樹等維持管理業務委託（C）	株式会社富士植木 多摩支店	H25.4.1	H28.3.31
28	街路樹等の維持管理業務	街路樹等維持管理業務委託（D）	有限会社藤篠	H25.4.1	H28.3.31
29	施設・下水道管渠等清掃業務	公共下水道管渠調査清掃業務委託（26-1）	株式会社永岡サービス	H26.5.26	H26.10.30
30	施設・下水道管渠等清掃業務	公共下水道管渠調査清掃業務委託（26-2）	株式会社永岡サービス	H26.11.10	H27.3.20
31	施設・下水道管渠等清掃業務	トイレ・窓ガラス清掃業務委託	株式会社アジアメンテナンス	H26.4.1	H27.3.31
32	施設・下水道管渠等清掃業務	道路及び自転車歩行者専用道路清掃業務委託（その1）	株式会社ケイミックス 多摩営業所	H25.4.1	H28.3.31
33	施設・下水道管渠等清掃業務	トイレ及び池・流れ清掃業務委託（その1）	株式会社楢原	H25.4.1	H28.3.31
34	施設・下水道管渠等清掃業務	トイレ及び池・流れ清掃業務委託（その2）	株式会社裕清社	H25.4.1	H28.3.31
35	可燃物等の収集運搬業務	可燃物等収集運搬業務委託（その1）	多摩興運株式会社	H24.11.12	H30.3.31
36	可燃物等の収集運搬業務	可燃物等収集運搬業務委託（その2）	有限会社調布清掃	H24.11.12	H30.3.31
37	可燃物等の収集運搬業務	プラスチック等収集運搬業務委託	株式会社加藤商事 多摩営業所	H24.11.12	H30.3.31
38	可燃物等の収集運搬業務	缶・ペットボトル等収集運搬業務委託	多摩興運株式会社	H24.11.12	H30.3.31
39	可燃物等の収集運搬業務	雑誌・雑紙等収集運搬業務委託	多摩興運株式会社	H24.11.12	H30.3.31

No.	分類	件名	事業者名	契約日	履行期限
40	可燃物等の収集運搬業務	びん等収集運搬業務委託	有限会社調布清掃	H24.11.12	H30.3.31
41	可燃物等の収集運搬業務	粗大ごみ等収集運搬業務委託	多摩興運株式会社	H24.11.12	H30.3.31
42	送迎バスの運行業務	学校給食配送業務委託	京王運輸㈱多摩営業所	H25.4.1	H30.3.31
43	送迎バスの運行業務	移動教室及び合同実踏送迎用等バス借上	南観光交通㈱	H26.5.1	H27.3.31
44	送迎バスの運行業務	多摩市総合福祉センター送迎バス運行業務委託	京王電鉄バス株式会社 運輸営業部	H25.4.1	H30.3.31
45	送迎バスの運行業務	多摩市総合福祉センター「障がい者水浴訓練及びデイサービス利用者等」送迎業務委託	十全交通株式会社	H26.4.1	H31.3.31
46	子育て支援に関する業務	ファミリー・サポート・センター運営業務委託	NPO法人 たすけあいの会ぽれぽれ	H26.4.1	H27.3.31
47	子育て支援に関する業務	子育てひろば事業等業務委託	認定NPO法人 多摩子ども劇場	H26.4.1	H29.3.31
48	子育て支援に関する業務	第二小学童クラブ運営業務委託	社会福祉法人　大和会	H26.4.1	H27.3.31
49	子育て支援に関する業務	永山小学童クラブ運営業務委託	社会福祉法人　多摩福祉会	H26.4.1	H27.3.31
50	子育て支援に関する業務	南鶴牧小学童クラブ運営業務委託	社会福祉法人　純心会	H26.4.1	H27.3.31
51	子育て支援に関する業務	愛宕南学童クラブ運営業務委託	社会福祉法人こばと会	H26.4.1	H27.3.31
52	子育て支援に関する業務	貝取学童クラブ運営業務委託	社会福祉法人　多摩福祉会	H26.4.1	H27.3.31
53	子育て支援に関する業務	聖ヶ丘学童クラブ運営業務委託	社会福祉法人至愛協会	H26.4.1	H27.3.31
54	子育て支援に関する業務	北諏訪小学童クラブ運営業務委託	社会福祉法人至愛協会	H26.4.1	H27.3.31
55	子育て支援に関する業務	落合第二学童クラブ運営業務委託	社会福祉法人こばと会	H26.4.1	H27.3.31
56	子育て支援に関する業務	大松台小第一学童クラブ及び大松台小第二学童クラブ運営業務委託	社会福祉法人　純心会	H26.4.1	H27.3.31
57	子育て支援に関する業務	第一小学童クラブ第一及び第一小学童クラブ第二運営業務委託	社会福祉法人バオバブ保育の会	H26.4.1	H27.3.31
58	子育て支援に関する業務	永山第二学童クラブ運営業務委託	社会福祉法人至愛協会	H26.4.1	H27.3.31
59	子育て支援に関する業務	諏訪南学童クラブ運営業務委託	社会福祉法人こばと会	H26.4.1	H27.3.31
60	子育て支援に関する業務	一ノ宮学童クラブ運営業務委託	社会福祉法人バオバブ保育の会	H26.4.1	H27.3.31
61	子育て支援に関する業務	諏訪学童クラブ運営業務委託	社会福祉法人至愛協会	H26.4.1	H27.3.31
62	高齢者支援に関する業務	いきがいデイサービス事業業務委託【南野いきがいデイサービス分】	特定非営利活動法人あいファーム	H26.4.1	H27.3.31
63	高齢者支援に関する業務	いきがいデイサービス事業業務委託【諏訪いきがいデイサービス分】	特定非営利活動法人あいファーム	H26.4.1	H27.3.31
64	高齢者支援に関する業務	いきがいデイサービス事業業務委託【桜ヶ丘いきがいデイサービス分】	医療法人財団　天翁会	H26.4.1	H27.3.31
65	高齢者支援に関する業務	包括的支援事業業務委託【西部地域包括支援センター分】	社会福祉法人　大和会	H26.4.1	H27.3.31
66	高齢者支援に関する業務	包括的支援事業業務委託【東部地域包括支援センター分】	社会福祉法人　桜ヶ丘社会事業協会	H26.4.1	H27.3.31
67	高齢者支援に関する業務	包括的支援事業業務委託【多摩センター地域包括支援センター分】	社会福祉法人　楽友会	H26.4.1	H27.3.31
68	高齢者支援に関する業務	包括的支援事業業務委託【中部地域包括支援センター分】	医療法人財団　天翁会	H26.4.1	H27.3.31
69	高齢者支援に関する業務	包括的支援事業業務委託【北部地域包括支援センター分】	社会福祉法人　東京すみれ会	H26.4.1	H27.3.31
70	高齢者支援に関する業務	包括的支援事業業務委託【南部地域包括支援センター分】	社会福祉法人　多摩市社会福祉協議会	H26.4.1	H27.3.31
71	高齢者支援に関する業務	老人福祉センター事業運営委託	社会福祉法人多摩市社会福祉協議会	H26.4.1	H27.3.31
72	障がい者支援に関する業務	障がい者地域活動支援センター事業業務委託【多摩市障がい者福祉センター「のーま」分】	特定非営利活動法人多摩市障害者福祉協会	H26.4.1	H27.3.31
73	障がい者支援に関する業務	障がい者地域活動支援センター事業業務委託【障害者福祉センター「あんど」分】	社会福祉法人　多摩市社会福祉協議会	H26.4.1	H27.3.31
74	障がい者支援に関する業務	障がい者就労支援事業業務委託	特定非営利活動法人　多摩市障害者福祉協会	H26.4.1	H27.3.31
75	障がい者支援に関する業務	ひまわり教室運営業務委託	社会福祉法人正夢の会	H25.4.1	H28.3.31
76	障がい者支援に関する業務	意思疎通支援事業業務委託	多摩市社会福祉協議会	H26.4.1	H27.3.31
77	市長が特別に認めた業務	多摩市立唐木田図書館開館業務委託	株式会社図書館流通センター	H25.4.1	H27.3.31
78	市長が特別に認めた業務	多摩市立学校給食センター南野調理所に係る調理等業務委託	日本国民食株式会社	H25.9.1	H30.8.31

【工事】

No.	件名	事業者名	契約日	履行期限
1	(仮称)百草団地会館改修工事	株式会社三浦組 多摩営業所	H26.6.27	H27.1.23
2	永山北公園整備工事	株式会社富士植木 多摩支店	H26.10.20	H28.3.15
3	多摩第二小学校建替工事	佐藤・三浦建設共同企業体	H26.9.10	H28.3.18
4	多摩第二小学校校舎建替に伴う電気設備工事	日本電力・井上電業建設 共同企業体	H26.9.10	H28.3.18
5	多摩第二小学校校舎建替に伴う給排水衛生設備工事	八重洲・ムサシノアロー建設 共同企業体	H26.9.10	H28.3.18
6	多摩第二小学校校舎建替に伴う空気調和設備工事	西川・大貫建設共同企業体	H26.9.10	H28.3.18
7	市道4-22号歩線外道路改良工事及び諏訪第1公園改修工事	合資会社小川組	H26.8.18	H27.3.5
8	本庁舎電気設備改修工事	雄電・日本建設共同企業体	H26.12.9	H28.6.30
9	本庁舎空気調和設備改修工事	エルゴ・西川建設共同企業体	H26.12.9	H28.6.30
10	東寺方小学校増改修工事	三浦・朝倉建設共同企業体	H25.4.1	H26.12.15
11	東寺方小学校増改修に伴う電気設備工事	株式会社高木電気工業社	H25.4.1	H26.12.15
12	東寺方小学校増改修に伴う給排水衛生工事	株式会社西川工業所	H25.4.1	H26.12.15
13	東寺方小学校増改修に伴う空気調和設備工事	株式会社市川住宅設備	H25.4.1	H26.12.15

【指定管理】

No.	件名	事業者名	契約日	履行期限
1	複合文化施設(パルテノン多摩)	公益財団法人多摩市文化振興財団	H26.4.1	H27.3.31
2	多摩中央公園内駐車場	公益財団法人多摩市文化振興財団	H26.4.1	H27.3.31
3	永山駅駐輪場 多摩センター駅東駐輪場 多摩センター駅西駐輪場	日本コンピュータ・ダイナミクス㈱	H26.4.1	H27.3.31
4	温水プール	二幸産業・NSPグループ	H26.4.1	H27.3.31
5	総合福祉センター	二幸産業㈱	H26.4.1	H27.3.31
6	永山複合施設(ベルブ永山)駐車場	新都市センター開発㈱	H26.4.1	H27.3.31

○第28回国会　衆議院社会労働委員会議録　第13号, P.12. 昭和三十三年二月二十八日（多賀谷眞稔衆議院議員の質疑及び堀秀夫労働省労働基準局長の答弁）

発言者

多賀谷眞稔（日本社会党）

堀　秀夫（労働基準局長）

○多賀谷委員　次に九十四号の「公契約における労働条項に関する条約」でありますが、この公契約というような観念、日本では割合に公契約に関する労働条件というような出発の仕方をしておらない。これはアメリカあたりで政府が使う、あるいはまた政府が発注をする品物を作る工場における労働条件、政府が行い得る最小単位の工場の労働者の条件を規定する、こういうところから出発したのだろうと思いますが、いわば政府が模範を示してやるという、こういう規定は、今後日本では現在の基準法でカバーをするから、こういうものは批准をしないという考え方でいくのか、あるいは日本でもそういう考え方を入れるのか、この点ちょっと政策的な問題になりますけれども、今考えられている点をお聞かせ願いたい。

○堀政府委員　公契約の問題につきましては、ただいまお話のごとく、アメリカにおきましては公契約法というような法律がありまして、政府が発注する場合におきまする賃金の規制をしておるわけでございます。それからこの公契約の労働条項に関する条約におきましては、賃金と並びまして、労働時間等の労働条件につきましても必要な条項を設けなければならない、このようになっておるわけでございます。わが国におきましては、このような考え方は今はとっておらないわけでございます。ただ一般職種別賃金、ＰＷにつきましては労働省告示として出しておりますが、これは賃金だけの問題であることは御承知の通りでございます。そこでこの公契約の問題につきましては、アメリカ等において特にこの考え方が発達したのは、実はこれも御承知かと思いますが、例の不況克服対策としてニュー・ディール政策を実行したその際に、政府が発注する場合にはなるべく有効需要を喚起するようにやっていく、こういう一連の考え方に立って、その一環として実施されておるわけでございます。わが国におきましては今のところ、このような情勢はありませんので、私は今のところまだ必要はないと思いますが、しかしこの公契約に関する問題につきましては、わが国では絶対に考える必要がないということではございません。この点につきましても十分検討はいたしたいと思いますが、ただいま早急にこの問題を取り上げる実益はないのではないか、かように考えております。

○多賀谷委員　わが国でもやはり、たとえば最低賃金という問題一つを考えましても、少くとも政府が発注をする品物について、それを生産する工場に対する最低賃金の設定、むしろこういうものが考えられるのじゃないか。日本の政府はみずからやらないで、そうしてやれやれというけれども、もう少しみずからやるということを考える必要があるのではないか。ことに労働省に私はそう要請をしたいわけです。たとえば多発的な失業者の発生地帯というような場合に、政府の発注を同一価格で納入できるような、そういうところにある工場に発注をするとか、あるいは御存じのようにアメリカでやっている――大体アメリカは割合に、今お話のように有効需要喚起の面から政府が乗り出している、これは中小企業の需品を政府が買うという場合もやはりその考え方ですが、最低賃金等につきましてもこういう観念を入れるべきではないか、こういうように考えますが、ちょっとお聞かせ願いたい。

○堀政府委員　この公契約の考え方につきまして、実は外国の考え方を申し上げますと、政府が民間の事業に対して公契約を結んで、それを発注する場合に、その労働時間あるいは賃金等を規制するということになっておるわけであります。そこで一つアメリカ等で特に特長として考えられますことは、一般の労働基準法、公正労働基準法、その他州の各法における労働保護法の基準よりも、さらにもうちょっと上回った条件で発注する、このようなことになっておるわけであります。これは先ども申し上げましたように、有効需要喚起というねらいに基いておるわけでございます。それと同時にもう一つは、他の国等の例を見ますと、労働基準関係の法規がわが国の労働基準法のように、一般産業に全部適用になる、一人でも労働者を使っておれば全部適用になる、このような構成をとっておるのはむしろ少く、適用を限っておる国が相当

— 65 —

ある。そういうような労働保護法規が適用されないような場合でも、政府が発注する場合には一定の労働条件を確保する、こういう契約で発注すべきである、このような考え方も取り入れられておるように思っておるのであります。そこでわが国の場合でありますが、最低賃金法につきましては、やはり民間産業で労働基準法の適用があるものについては全部一応の適用をする、このような考え方に立って作られておるのであります。それから基準法につきましても民間産業一律に適用することになっておりますので、今申しました沿革的な趣旨から申しますと、その実益は割合少いのでございます。しかしこれもただいまお話のありましたように、特にアメリカ等において見られますことは、失業対策というような観点から、失業者がある地点において多発する、総合的に集中するというような場合には、政府はそこに集中して発注する契約を行う、あるいは事業を行う、かような考え方をとっておりますので、このような考え方は非常に参考になると思います。労働省全体あるいは政府全体の問題でありますので、われわれとしても十分検討を加えたいと思います。

○多賀谷委員　私はやはり過渡的段階、経過処置的な過程においては、こういう公契約的な考え方がやはり必要ではないか、かように考えるわけです。最低賃金の問題はまた後に出ますから、いずれあとでいたしますが、第百号の「同一価値の労働に対して男女労働者に同一の報酬に関する条約」こういった簡単な、しかも大原則の条約がまだ批准されてないのは、どういうことですか。

○堀政府委員　ただいまお話の条約につきましては、その内容は、男女同一労働賃金の原則を全労働者に適用すべきであるという決議と同時に、職務評価が本条約の実施上役立つ場合には、これを促進する措置をとらなければならないという原則を規定しておるわけでございます。わが国の労働基準法におきましては、男女同一労働、同一賃金の原則を御承知のごとく規定しておりますので、その基準は満たされているわけであります。そこで私は、この条約は大体批准可能であるという工合に考えておりますが、なぜそれは批准がおくれたかという問題であります。あとの職務評価の問題につきまして、果して法制的な措置をとるのが必要であるか、あるいは事実問題で足るのかという点が問題になりまして、この点を目下検討しているわけでございますが、大体のところ原則は一致しておると思いますので、私はこの条約は批准可能なのではないか、このような考え方のもとに、目下その調査準備を進めているところでございます。

○多賀谷委員　そうすると、近い機会にこれは批准の手続をとられるはずですか。

○堀政府委員　この問題につきましては、目下ＩＬＯの事務局と技術的な面を検討しておりますが、その点が解消すれば批准可能なことではないか、かように考えております。

○多賀谷委員　百七の条約の採択があって二十四しか批准を見ていない、しかも今ピック・アップして条約の内容を、さらに国内法との関係をお聞きしたわけでありますが、もう少し政府に批准をするという意思があるならば十分に検討をされ、そして早い期間に手続が完了されておるはずだと思うのです。ところが今お話を聞きましたようにたとえば男女同一賃金の問題にいたしましても、実は職務認定の問題が研究をされていなくて、今いろいろ検討しておる、こういうことでありますけれども、もう少し早い機会に行われるはずであったのに、むしろさぼっておる、といえば語弊があるかもしれませんが、あるいは事務当局はさぼっていないつもりでも、さらに首脳部の方でさぼっておったのかもしれません。私はこれだけ大きな国際問題になっている日本の労働条件について、貿易その他の面においても、少くともこういう労働条約に合わすようにして、やはり多く批准をすべきである、このように考えるわけであります。アメリカのように、初めから国際連盟相手にせずということで、労働条件は高くても、実際批准の手続をしない国は、これはまた別です。これは特殊でありますから別です。それかといって労働条件の悪いという国もありませんから、これはまた別格であろうと思いますけれども、日本のようにダンピングの危惧があると外国に考えられておる国においては、やはり批准のできるものはどんどん批准していく、国内法を変えさえすれば批准ができるというならば、どんどん批准をしていく、こういう態度が必要ではないかと考えるのですが、これに対して政府の御答弁を一つ政務次官から願いたいと思います。

○二階堂政府委員　ＩＬＯで締結されました条約の精神というものは、先ほど大臣が申しました通りに、あくまでも尊重していくことは、これはもう当然のことであろうかと考えております。しかるに非常に批准の数が少いじゃないかという

ことでありますが、私は、故意にその批准をおくらせておるということではないと考えておりまして、ただいま局長からいろいろ説明いたしました通りに、国内法規との調整の問題、あるいはまた国内法規を改正するにつきましては、いろいろな関係、客観的な条件の整備というような問題もいろいろあろうかと思っておりまして、この点につきまして最善を尽して、条件の整うものにつきましては、なるたけ促進いたしまして批准をいたすつもりでございます。

○多賀谷委員　政府では、ＩＬＯの国際労働条約の批准の特別委員会か何かできておるのですか。

○澁谷政府委員　特別の委員会は設けておりません。

○多賀谷委員　私は、労働問題懇談会に散発的に出すということでなくて、これだけ大きな問題になっておる日本の国際労働条約の批准がおくれておるということに対しては、政府は積極的に熱意を示さなければならぬと思うのです。それがためには、やはり何か民間を入れた対策委員会を持って、私は断片的にお聞きしたのですが、こういうふうに逐条的に十分資料を整備して、一体どれを改正すれば労働条約の批准ができるか、こういった熱意を示して、そうしてどんどんその方向に進んでいく。あるいは全然事情が違って、とても批准ができないという問題もあるでしょう。しかし政府はやはり批准手続をとられる責任者ですから、私は恒久的な機関を持ってこれをやる必要があるのではないか、かように考えるわけですが、これに対して次官はどういうようにお考えですか。何ならあとから大臣から答弁を承わってもけっこうです。

○二階堂政府委員　御趣旨ごもっともな点があろうかと思いますので、よく検討いたしまして善処いたしたいと思っております。

○多賀谷委員　これはきわめて大きな問題ですから、さらに大臣から御答弁願いたいと思いますので、一応その程度にいたしておきます。

　今問題になっております結社の自由及び団結権擁護の条約について、再度質問をいたしたいと思います。国内法との関係は先ほど労政局長よりお聞きしたわけでありますが、条約第九条の問題、たとえば消防とか監獄職員といったようなものがあるので、その点からもまだ批准の段階に至っていない、こういうことですが、これはどういうように御処置なさるつもりですか。

○亀井政府委員　先ほど大臣からもお話がございましたように、その条項につきまして批准可能であるかどうかという最終的な結論は、労働問題懇談会の小委員会で検討いたしておりますので、私からその結論じみたことを申すことは差し控えさしていただきたいと思いますが、この国家公務員法の九十八条の四項を一応見ますと、「警察職員、消防職員及び海上保安庁又は監獄において勤務する職員は、第二項に規定する職員の団体を結成し、及びこれに加入することができない。」ということになっております。条約九条の方は「軍隊又は警察の構成員」云々ということになっておりまして、その点で、消防というものが戦前の消防でございますと、これは警察の中に一応入っていると解釈して差しつかえないのでございますが、現在の消防というものが警察の中に入るのかどうかという問題も、問題点としてはあるわけでございます。それからまた海上保安庁ですが、これは昔の水上警察でございますが、そういうものが現在の警察の観念の中に入るのかどうかというような問題点が、この国家公務員法第九十八条の四項一つをとりましてもある、こういうことを申し上げるにとどめまして、これが批准の妨げになるのかどうかという点につきましては、さらに労働問題懇談会の小委員会の検討に持ちたいというふうに考えております。

○多賀谷委員　これは労働問題懇談会の問題じゃないでしょう。条約との問題でしょう。国内的にどうするかということは別ですよ。あなたの方は、これは批准すべきだと出たらどういうふうに手続的に御処置なさるつもりであるか、こういうことです。

○亀井政府委員　この問題は、ＩＬＯ事務局とのいろいろの過去における折衝の過程がございますが、しかし現在の段階では、事務的にはどうも警察の観念の中に入りがたいというような結論に近いようでございます。しかしそれが、先ほど申しましたような労働問題懇談会の小委員会で、どうしてもこの問題を入れてこの条約批准をやるべきであるというようなことになれば、そのときの問題は別になる。私としましては、今申しましたような問題点の所在だけを申し上げて結論

は申し上げかねるというのは、そういう趣旨であります。
○**多賀谷委員** 私は技術的にお聞きしているのです。政策的ではなくて技術的にお聞きしているのですが、消防職員というものが団結権を持たなくてもいいという何らかの意思表示があれば、こういうことを条件に条約の批准は可能ですかと言うのです。
○**亀井政府委員** これは国家公務員法の規定がございまして……。（多賀委員「規定ではない、規定は改正するものとして」と呼ぶ）団結権が実際に必要であるかどうかということの御質問でございますか。もう一度お願いいたします。
○**多賀谷委員** 国際労働条約との関係で、国内法で禁止をしてあれば批准できるのかどうか。率直に言いますと、消防職員が、こういう団結権あるいは結社の自由は要らないのだという意思表示があれば、条約の批准はできるのかどうか。
○**亀井政府委員** 国際労働条約は、軍隊及び警察だけを一応除外いたしておるのであります。従いまして、先ほど来申しますように、消防がわれわれの解釈からいって警察の中に包含されがたいということになりますと、やはりむずかしいのではないか。従って消防にも団結権の自由を与えるというような国内法の改正の問題になってくれば、これはまた別問題になって参りますが、現在のままではむずかしいのではないかということを私は申し上げたのであります。
○**多賀谷委員** 国内法を改正しないでも、何らか便法があるのじゃないですか。
○**亀井政府委員** 解釈上の問題としてお尋ねだと思いますが、先ほど来申しますように、消防につきましては、ＩＬＯの事務局との過去の折衝の段階におきましても、解釈上むずかしいのではないかというふうな段階でございます。
○**多賀谷委員** では、今の問題は今後の研究の問題として残しておきまして、当面問題になっております同八十七号の条約の問題が、次のＩＬＯ総会でもかなり問題になるので、政府はどういう態度でいかれるつもりであるか、これを重ねてお伺いしたい。
○**亀井政府委員** これは私よりも大臣に御答弁いただく筋合いの性質のものでありますが、先ほど大臣が御答弁しました通りでございまして、一応労働問題懇談会にこの問題の検討をお願いをいたしておりまして、その結論が出まして、政府として、国内法を整備することによって条約の批准という問題を取り上げるのか、あるいは批准がむずかしいという結論になるのか、それは先ほど大臣から申されました通りでございまして、労働問題懇談会の結論をわれわれは待っておる次第であります。

○第171回国会（常会）「最低賃金法と公契約条例の関係に関する質問主意書・答弁書

質問主意書

質問第六四号

最低賃金法と公契約条例の関係に関する質問主意書

右の質問主意書を国会法第七十四条によって提出する。

平成二十一年二月二十四日

尾 立 源 幸

参議院議長　江 田 五 月 殿

最低賃金法と公契約条例の関係に関する質問主意書

　地方自治体において、行政サービスを外部委託する際の労働者の最低賃金などを定める「公契約条例」の制定が模索されている。しかし、最低賃金法における地域別最低賃金額を上回る最低賃金額を、公契約条例において設定する場合、公契約条例と最低賃金法のいずれが有効か定かではない。そこで以下質問する。

一　公契約条例の中で、地域別最低賃金額を上回る最低賃金額と罰則を規定する場合について

1　最低賃金法から如何なる制約を受けるか。
2　実際に罰則を課すことは可能か。

二　地方自治体が執行する入札において、地方自治法施行令に基づく「総合評価制度」の項目に地域別最低賃金額を上回る最低賃金額と罰則を規定する場合について

1　最低賃金法から如何なる制約を受けるか。
2　実際に罰則を課すことは可能か。

三　地方自治体が最低賃金法の趣旨を踏まえ、地域別最低賃金額を上回る独自の最低賃金額を規定した条例を制定することは可能か。

　右質問する。

第 171 回国会（常会）

答弁書

答弁書第六四号

内閣参質一七一第六四号
平成二十一年三月六日

内閣総理大臣　麻　生　太　郎

参議院議長　江　田　五　月　殿

　参議院議員尾立源幸君提出最低賃金法と公契約条例の関係に関する質問に対し、別紙答弁書を送付する。

　　参議院議員尾立源幸君提出最低賃金法と公契約条例の関係に関する質問に対する答弁書

一の1について

　御指摘の「公契約条例」の具体的内容が必ずしも明らかでないが、当該条例において、地方公共団体の契約の相手方たる企業等の使用者は、最低賃金法（昭和三十四年法律第百三十七号）第九条第一項に規定する地域別最低賃金において定める最低賃金額（以下「地域別最低賃金額」という。）を上回る賃金を労働者に支払わなくてはならないこととすることは、同法上、問題となるものではない。

一の2について

　お尋ねについては、具体的にどのような行為に対して罰則を課すこととなるのか必ず

しも明らかでないが、一般に、地方公共団体は、地方自治法（昭和二十二年法律第六十七号）第十四条の規定に基づき、条例を制定し、当該条例中に罰則を設けることができる。

二の1について

　地方公共団体が、地方自治法施行令（昭和二十二年政令第十六号）第百六十七条の十の二において規定する総合評価方式による入札を行い、落札者を決定しようとする場合において、同条第三項に規定する落札者決定基準として、入札に参加する企業等の使用者が地域別最低賃金額を上回る賃金を労働者に支払っているか否かを定めることは、最低賃金法上、問題となるものではない。

二の2について

　お尋ねについては、具体的にどのような行為に対して罰則を課すこととなるのか必ずしも明らかでないが、地方公共団体は、地方自治法第十四条第三項において、法令に特別の定めがあるものを除くほか、条例中に罰則規定を設けることができる旨が規定されており、この規定に該当する場合以外の場合は、罰則を設けることはできない。

三について

　最低賃金法上の地域別最低賃金は、労働者の労働条件の改善を図るとともに、事業の公正な競争の確保に資すること等を目的として、地域の経済状況等を踏まえつつ、一方で全国的に整合性のある額を設定するものであり、御指摘のような条例は、このような地域別最低賃金の趣旨に反するものであることから、これを制定することは、地方自治法第十四条第一項の規定に違反するものであると考える。

○**第 186 回国会参議院総務委員会議録第 6 号** 平成 26 年 3 月 17 日, p.14.（又市征治参議院議員の質疑及び新藤義孝総務大臣の答弁）

又市征治（日本共産党）
新藤義孝（総務大臣）

○**又市征治君** それじゃ、是非自治体の声を十分に反映いただくように要望しておきたいと思いますが。

次に、公契約条例の問題について若干お聞きをしたいと思うんです。

千葉県の野田市で賃金条項を盛り込んだ公契約条例が二〇一〇年に施行されて、その後、川崎であるとか東京の多摩市、相模原、国分寺、渋谷区、厚木市、足立区、そして福岡県の直方市だとか、随分とこの公契約条例が制定をされてきました。その他、賃金条項を盛り込まないタイプのものも入れますとかなり広がっているわけですね。また、公契約法であるとかあるいは公契約条例の制定に関して国への意見書が採択された自治体が二十四県議会、七百五十五市町村議会に上っているわけですけれども、近年のこのような公契約条例の広がりの背景というものについて、総務省、どのように分析をされていますか。

○**国務大臣（新藤義孝君）** 御指摘をいただきました公契約条例でありますが、地方公共団体が発注する一定の契約について、最低賃金法に定める最低賃金を上回る当該地方公共団体が定める賃金を受注者がその従業員に支払うことを義務付ける、こういう内容でございます。こうした公契約条例の制定、地方公共団体の入札時におけるダンピング、こういったダンピング防止に一定の効果があるのではないかと考えてはおります。

○**又市征治君** 政府は、民間企業に賃上げを今年はまあ随分と促しているわけですが、政府自らができることをもっとやっぱり真剣に取り組む必要があるんじゃないか、これは前にも私は予算委員会でも申し上げたんですが、例えば、既にフランス、アメリカ、イギリスなどで批准をされて現在では約六十か国が批准しているＩＬＯ第九十四号条約、公契約における労働条項に関する条約の批准、このことにやっぱり取り組むべきだと思うんですね。

同時に、自治体における公契約条例も後押しする必要があると思います。そして、自治体で働く臨時・非常勤職員の待遇改善についてももっとやっぱり総務省が汗をかくべきではないのか。そうは言わないで民間に賃金上げろ、上げろと言っても駄目だ。官製ワーキングプアなどという言葉が生まれること自体大変恥ずかしい話なわけですが、この点について大臣の御見解を伺っておきたいと思います。

○**国務大臣（新藤義孝君）** 地方公共団体の公契約条例の制定、これを検討する場合には、やはりまずは地域の実情を踏まえるということが重要だと思います。その上で、地方自治法における入札契約手続の規定、さらには労働基準法、最低賃金法などの労働法制との関係を考慮していく必要があるということであります。

私どもとすれば、この条例の立案に当たっては、地方公共団体からの御相談があれば必要な助言はさせていただいておりますし、また対応していきたいと考えております。

そして、ダンピング受注は、結果的には官製ワーキングプアを生じるおそれがあるというふうにも思いますので、そうしたことのないように、適切な入札、契約が行われるように取り組んでまいりたいと、このように考えます。

○**又市征治君** 時間ですので終わります。ありがとうございました。

○総務省「片山総務大臣閣議後記者会見の概要」2011.1.5.より「指定管理者制度」についての質疑部分抜粋

指定管理者制度について質疑部分（抜粋）

問：テレビ朝日の山根と申します。年末に指定管理者制度について、各都道府県・市町村の首長さんたちに、こういうふうな扱い方をしなさいということで通知を出されましたけれども、よく言われていますように、指定管理者制度においてもたらされる官製ワーキングプアというのがあると思うのですが、早急に、こういうふうな扱い方をしなさい、あるいは業者を選ぶ際、間もなくそういう時期にさしかかっている都道府県、市町村もあるかと思うのですが、その際に、そういうワーキングプアを作らないような、適切な使い方をしなさいということを、改めてきちっと、こう例示をすると言いますか、指導していくというお考えはあるのでしょうか。

答：年末に出しました通知はですね、いわば指定管理者制度をめぐる誤解とか、失礼ですけれども、理解不足とかですね、こういうものを解いていこうという趣旨なのです。何かですね、指定管理者制度が導入されてから今日までの自治体のこの制度の利用の状況を見てみますと、コストカットのツールとして使ってきた嫌いがあります。もちろんそれは全く否定するものではありませんけれども、指定管理者制度というのは、一番のねらいは、行政サービスの質の向上にあるはずなのです。俗にお役所仕事とかですね、そういうものから脱却をして、民間の創意工夫とか、それから経験とか、そういうものを導入することによって、ともすれば画一的で、規則などに縛られて、利用者本位ではないと批判されてきた公の施設の利活用について、新風を吹き込みたいと。行政サービスの質を向上したい、住民の皆さんの満足度を高めたいということなのです。ところが、そっちの方よりも、むしろ、外注することによって、アウトソースすることによって、コストをいかにカットするかというところに力点が置かれてきたような印象を持っております。特に、私などが懸念していますのは、本来、指定管理になじまないような施設についてまで、指定管理の波が押し寄せて、現れてしまっているという。そういうことを懸念していたものですから、改めて、その誤解を解いたり、本来の趣旨、目的を理解していただくために出したわけですね。まあ、あれを出せばですね、じっくり読んでいただければ、はっと気が付いていただけるのではないかなと思いますけれどもね。これからも、折に触れてですね、私なりの考え方を申し上げてみたいと思うのですが、ただですね、じゃあ、私が申し上げているようなことが法律上書いてあるかというと、必ずしもそうでもないですね。具体的にどういうことかと言うと、私などはいつもよく言うのですけれども、例えば、公共図書館とか、まして学校図書館なんかは、指定管理になじまないと私は思うのです。やはり、きちっと行政がちゃんと直営で、スタッフを配置して運営すべきだと、私なんかは思うのですね。私が鳥取県知事のときもそうしてきました。だけど、じゃあ、それが法律にそう書いてあるのかというと、必ずしもそうでもない。何でも出せるような、そういう仕組みになっているものですから、あとは、どう言うのでしょうか、良識とか、常識とかですね、リーガルマインドとかですね、そういう世界に入るのだと思うのですけれども。そういうものを喚起したいと思って出したわけであります。もう一つの認識は、これ指定管理だけではなくてですね、従来からの外部化というものを、総務省として随分進めてきました。定員削減とかですね、それから総人件費の削減という意味で、アウトソースというものを進めてきたのですね。それがやはり、コストカットを目的として、結果として官製ワーキングプアというものを随分生んでしまっているという、そういうことがありますので、それに対する懸念も示して、少し見直してもらいたいなという、そういう気持ちもあって、お出ししたわけです。あれで、どういう反応が出るかですね、反応が無いか、有るか、有ってほしいと思うのですけれども、しばらく見てですね、また必要がありましたら、次の策も考えてみたいと思っています。自治体はですね、地元の企業の皆さんに対しては、正規社員を増やしてくださいということをよく働き掛けるのですよ。当然ですよね。やはり正規雇用を増やしてくださいということを働き掛けるのですけれども、当の自治体が、自ら内部では非正規化をどんどん進めて、なお

かつ、アウトソースを通じて官製ワーキングプアを大量に作ってしまったという、そのやはり自覚と反省は必要だろうと、私は思います。そういう問題提起の意味も含めて見直しをしたということです。これは、ですから指定管理者制度についての理解を、本当の理解を深めていただきたいという通知と、それから、もう一つはですね、かねて申し上げておりますけれども、集中改革プランという法的根拠の無い仕組みを全国に強いてきたという、これの解除ですね。もともと法的に有効な通知ではありませんから、解除という言葉がいいかどうか分かりませんけれども、以前進めてきた集中改革プランにとらわれることなく、自治体では、業務と職員とのバランスは自ら考えて、これから定数管理などをやっていただきたいと。この二つであります。

図書館事業の公契約基準について

2010年9月
社団法人日本図書館協会

はじめに

図書館の管理運営や業務の外部化が進んでいる。個別業務の委託だけでなく、指定管理者制度、PFI、市場化テスト、事業仕分け、行政評価などの手法により進められている。管理運営を民間に委ねる指定管理者制度導入の公立図書館は220館、7%あり（2010年7月日図協調査）、業務委託により派遣職員を受入れている公立図書館は639館、20%との実態（2009年4月日図協調査）にあり、派遣職員は正規雇用職員総数の5割に匹敵するまでに至っている（2009年4月現在　正規雇用職員12,623人、派遣職員5,834人[年間実働時間1500時間を1人と換算]）。

このような図書館の管理運営や業務の外部化の現状は、直接雇用の非常勤・臨時等の有期雇用職員が正規雇用職員を上回っている実態（2009年4月現在　正規雇用職員12,623人、非常勤・臨時職員15,253.6人[年間実働時間1500時間を1人と換算]）と相俟って、将来にわたる図書館振興やそこで働く「司書」の雇用に係る専門性の蓄積に大きな懸念を抱く。

そこで図書館事業の持続的安定的な発展を図る観点から、社団法人として図書館事業に係る公契約基準を示し、委託者、受託者双方が共有し、実現をめざす課題を探る一助として提起したい。

なお、ここでいう図書館事業は公立図書館を主要に想定しているが、公立学校図書館も対象となると考えている。公契約は国あるいは地方公共団体が為すことを一般的に指すためであるが、ここで示している考えの基本は、すべての図書館にもおよぶものと捉えている。

管理運営の基本

日本図書館協会は、図書館は住民の生涯学習を保障する教育機関として教育委員会が直接管理運営すべきであり、指定管理者制度は図書館になじまないことを明らかにし、また司書に課せられている専門業務については委託すべきではないと考えている。このことは政府、および国会においても原則的に理解が得られている。

- 日図協「公立図書館の指定管理者制度について」2008年12月　ほか
- 渡海文部科学大臣答弁（参議院文教科学委員会2008年6月3日）:"指定期間が短期であるために長期的視野に立った運営が図書館ということになじまないというか難しい。職員の研修機会の確保や後継者の育成等の機会が難しくなる。"
- 社会教育法等の一部を改正する法律案に対する附帯決議（参議院文教科学委員会2008年6月3日）:"指定管理者制度の導入による弊害についても十分配慮して、適正な管理運営の構築を目指すこと。""司書…については、多様化、高度化する国民の学習ニーズ等に十分対応できるよう、今後とも、それぞれの分野における専門的能力・知識等の習得について十分配慮すること。…有資格者の雇用確保、労働環境の整備、研修機会の提供など、有資格者の活用方策について検討を進めること。"[同趣旨の決議は衆議院文部科学委員会でも採択]
- 文部科学省答弁（衆議院文部科学委員会2008年5月2日）司書の役割についてである。図書館が地域住民の身近にあって、図書その他の資料を収集、整理、保存して、その提供を通して住民の個人的な学習を支援するという役割を担っていること、これに加えて、特に近年では、地域が抱える課題の解決、具体には、医療、健康、福祉、法務等に関する課題解決あるいはこれらに関する情報提供、さらには地域資料等、地域の

実情に応じた情報提供サービスを行うことが求められている。こういった図書館の役割の高まりに対応する形で、その専門性を備えた司書の役割も一層高まっていると言うことができる。

　日本図書館協会は、図書館の管理運営の形態はそれぞれの自治体自らが判断すべきであり、地域の実状に応じた図書館業務の外部化についてすべて否定するものではないが、その外部化が適切であるかどうか、いっそうの検討が求められていると考える。すべての住民に資料、情報を確実に提供するための将来にわたる図書館計画、自治体のまちづくり、地域の活性化に結び付けた検討から離れて、外部化が実施に移されていることが少なくない。住民サービス向上ではなく、経費削減、職員削減を主要な目的としたり、委託料の低下が受託事業者の創意性や業務の専門性を高める意欲を削ぎ、従事する職員の待遇の低下や不安定雇用を招いていることは直視すべきことである。

- 総務省通知「平成20年度地方財政の運営について」2008年6月6日

　　ア．指定管理者の選定の際の基準設定に当たっては、公共サービスの水準の確保という観点が重要であること。

　　イ．指定管理者の適切な評価を行うに当たっては、当該施設の態様に応じ、公共サービスについて専門的知見を有する外部有識者等の視点を導入することが重要であること。

　　ウ．指定管理者との協定等には、施設の種別に応じた必要な体制に関する事項、リスク分担に関する事項、損害賠償責任等の加入に関する事項等の具体的事項をあらかじめ盛り込むことが望ましいこと。また、委託料については、適切な積算に基づくものであること。

　以上のことを踏まえて、図書館事業の公契約のあり方、基準を提起するものである。この提起は、「公共サービスに関する国民の権利」を謳った公共サービス基本法が、委託者、受託者双方の役割分担と責任の明確化を求めている（第8条）ことに通ずるものと確信している。

- 公共サービス基本法

　（基本理念）

　　第三条　公共サービスの実施並びに公共サービスに関する施策の策定及び実施（以下「公共サービスの実施等」という。）は、次に掲げる事項が公共サービスに関する国民の権利であることが尊重され、国民が健全な生活環境の中で日常生活及び社会生活を円滑に営むことができるようにすることを基本として、行われなければならない。

　　一　安全かつ良質な公共サービスが、確実、効率的かつ適正に実施されること。

　　二　社会経済情勢の変化に伴い多様化する国民の需要に的確に対応するものであること。

　　三　公共サービスについて国民の自主的かつ合理的な選択の機会が確保されること。

　　四　公共サービスに関する必要な情報及び学習の機会が国民に提供されるとともに、国民の意見が公共サービスの実施等に反映されること。

　　五　公共サービスの実施により苦情又は紛争が生じた場合には、適切かつ迅速に処理され、又は解決されること。

　（公共サービスを委託した場合の役割分担と責任の明確化）

　　第八条　国及び地方公共団体は、公共サービスの実施に関する業務を委託した場合には、当該公共サービスの実施に関し、当該委託を受けた者との間で、それぞれの役割の分担及び責任の所在を明確化するものとする。

- 野田市公契約条例

　公平かつ適正な入札を通じて豊かな地域社会の実現と労働者の適正な労働条件が確保されることは、ひとつの自治体で解決できるものではなく、国が公契約に関する法律の整備の重要性を認識し、速やかに必要な

措置を講ずることが不可欠である。

　本市は、このような状況をただ見過ごすことなく先導的にこの問題に取り組んでいくことで、地方公共団体の締結する契約が豊かで安心して暮らすことのできる地域社会の実現に寄与することができるよう貢献したいと思う。

図書館事業の公契約基準・試案

1　目的
　この基準は、図書館事業に関する公契約に係る図書館業務の質の確保、当該業務に従事する職員の適正な待遇、条件を保障することにより、より良い図書館サービスとまちづくりに貢献し、もって住民が豊かで安心して暮らすことのできる地域社会を実現することを目的とする。

2　定義
(1)　公契約：自治体が発注する図書館業務についての請負の契約のほか、指定管理者制度による指定管理者との業務内容等の協定も含む。

(2)　委託者：図書館事業の公契約を受注者と締結した者（自治体、教育委員会）

(3)　受託者：図書館事業の公契約を委託者（自治体、教育委員会）と締結した者

(4)　下請負者：下請その他いかなる名義によるかを問わず、当該自治体から受託した者から、その業務の一部を請け負った者

3　委託者の責務
(1)　自治体は、すべての住民に図書館サービスを提供する自治体の図書館計画を立案し、公にする。そのなかで、図書館の設置目的を効果的に達成する上での管理運営の基本、およびその方法を明らかにする。

(2)　自治体が、図書館の管理運営、または業務を外部に委ねることを検討する場合、それが図書館の設置目的を効果的に達成する上で欠かせないことであることの説明責任を果たす。

　その検討にあたっては、図書館利用者や図書館事業に通じた外部の有識者を交えた組織で検討し、その経過、および結果を随時議会に報告するとともに、住民に周知する。

(3)　図書館の管理運営、または業務を外部に委ねることは、自治体の地域活性化の施策の一環として捉え、受託者とは次の内容の契約、または協定を結ぶ。

　　①当該自治体の図書館で雇用されていた職員を優先採用することを求め、その経験を生かすことによりサービス拡充と継続雇用を実現する（「文京区立図書館業務要求水準書」参照）

　　②当該自治体の雇用促進政策を踏まえた職員採用を求める

　　③当該自治体の商業振興政策を踏まえて書籍等の調達を求める

(4)　受託者のもとで働く職員の図書館業務についてのスキルアップを図るための支援策を執る。

　　①当該自治体の政策、長期計画についての理解を深めるための研修の実施

　　②図書館事業についての理解を深めるための研修の実施、および外部研修への派遣の保障、奨励

(5)　委託料の積算にあたっては、図書館サービスの拡充につながるよう各費目を適正に見積もること。とりわけ人件費は、職員数、職務や経験に応じた待遇などを適正に積算すること。（熊本市「指定管理に係る管理運営経費の「積算総額」の算定」、板橋区「指定管理者導入施設の指

定管理料及び人件費の算定に関する細目」、総務省「指定管理者制度の運用上の留意事項」等参照）
(6) 外部化した事業について、外部の図書館事業専門の有識者を交えた組織で定期的に点検評価し、その結果を議会および住民に明らかにする。その評価基準を定める。

4 受託者の責務
(1) 受託者は、法令や契約・協定の内容等を遵守することはもとより、図書館の設置目的を効果的に達成することを目標に自治体の図書館計画実現に務める。図書館事業の委託化についての検討経過を踏まえ、改善に努める。
(2) 受託者は、公契約を受託した責任を自覚し、公契約に係る図書館業務に従事する職員が誇りを持って良質な業務を実施することができるよう待遇改善等に努めなければならない。
(3) 職員の経験、職務に応じた待遇を措置する。
(4) 図書館の専門職員としてのスキルアップを図ることができるよう、自ら研修を実施するとともに、外部で行われる研修に職員を派遣する。
(5) 職員の司書資格取得のための援助をする。

5 図書館職員の範囲
この基準の適用を受ける図書館職員（以下、適用職員）は、前項に規定する公契約に係る業務に従事する労働者であって、次の各号のいずれかに該当するものとする。
(1) 受託者に雇用され、専ら当該公契約に係る図書館業務に従事する者
(2) 下請負者に雇用され、専ら当該公契約に係る図書館業務に従事する者
(3) 労働者派遣法の規定に基づき受託者又は下請負者に派遣され、専ら当該公契約に係る図書館業務に従事する者

6 適用職員の賃金
受託者、下請負者は、適用職員に対し適正な賃金を支払う。その基本は、生計原則＝生活できる賃金であり、また同じ地域で働く図書館員一般的な水準を下回らないことであり、その経験年数、職務、業務、責任の度合いなどを考慮したものでなければならない。

7 適用職員への周知等
委託者および受託者はともに、その契約または協定の内容を適用職員に対して周知を図り、その目的とすることの実現に務める。また適用職員からの意見、要求に対して誠実に対応して、その解決に務める。

以上の提起は、図書館事業がよりよく整備・充実し、進展すべく、かりに管理運営に委託という手法が取られる際、委託者、受託者双方がその社会的使命に照らしてその達成をめざす課題として共有し、その実施・維持に努めることを強く求めるものである。その合意内容が一層厚く、実のあるものとなるべく、我々としても協力したい。

この提起にご意見をお寄せください。
　　社団法人日本図書館協会　　104-0033　東京都中央区新川１－１１－１４
　　電話　０３－３５２３－０８１１　　FAX　０３－３５２３－０８４１
　　info@jla.or.jp

ISSUE BRIEF

公契約における労働条項
―公契約法／条例による賃金規制をめぐる動向と課題―

国立国会図書館　ISSUE BRIEF　NUMBER 731（2011.12.15.）

はじめに
Ⅰ　ILO 第 94 号条約と公契約法／条例
　1　ILO 第 94 号条約
　2　公契約法／条例の範囲と労働条項
Ⅱ　諸外国の公契約法／条例の沿革
　1　フランスの公契約法／条例
　2　米国の公契約法
Ⅲ　日本における公契約法／条例の動向
　1　ILO 第 94 号条約採択を受けた国内法整備の検討
　2　地方自治体の動き
Ⅳ　公契約法／条例の課題
　1　公契約条例と既存の法律の関係
　2　主な論点・課題
おわりに

　公契約とは、当事者の少なくとも一方が国や地方自治体などの公の機関である契約を指す。近年、公の機関が発注する公共工事や委託する業務に従事する労働者の賃金の低下が著しく、公契約の内容を法律や条例で規制することによって、このような状況を改善しようという動きが注目を集めている。国レベルでの法律制定を模索する動きもあるが、これに先行して、野田市や川崎市などの地方自治体で条例が制定されている。

　本稿は、フランスや米国における公契約規制の取組みや、これらの先駆的な規制を公正な労働基準として条約化した ILO 第 94 号条約の採択といった国際的な動向を踏まえ、我が国における公契約規制の動向を概観し、公契約規制をめぐる課題を整理するものである。

社会労働課
（松井　祐次郎・五十嵐　恵）
　　まつい　ゆうじろう　いがらし　めぐみ

調査と情報
第７３１号

はじめに

「公契約」とは、当事者の少なくとも一方が公の機関である契約を指し、具体的には国や自治体が締結する公共工事や業務委託の契約を指す。近年、行財政改革や入札・契約改革の流れの中で、落札価格の低下と公の事業の民間委託が進み、これらの事業に従事する労働者の賃金が低下し、「官製ワーキングプア」が生み出されているとの指摘がある[1]。

こうした状況の中で、公契約の条項に、当該公契約による事業で働く労働者の賃金等の労働条件の最低基準を定める「労働条項」を盛り込むことによって、適正な労働条件を確保しようとする法律や条例(以下、「公契約法／条例」)の動向が注目を集めている。平成21年9月に千葉県野田市で全国初の「公契約条例」が制定され、他の自治体でも条例制定の動きがある。国に対し「公契約法」の制定を求める動きもある。公契約法／条例を求めるこうした動向は日本独自のものではなく、諸外国の法律や国際条約の影響がみられる。

そこで、本稿では、世界と日本における公契約法／条例の沿革を概観し、国会議員による具体的な法案作成の動きや地方自治体による公契約条例の制定といった近年の状況を紹介した上で、公契約法／条例を巡る課題を整理する。

I　ILO 第 94 号条約と公契約法／条例

1　ILO 第 94 号条約

本稿で用いる「公契約」という用語は、国際労働機関(ILO)の「公契約における労働条項に関する条約」(1949年、第94号条約。以下、「ILO第94号条約」)に由来し、英文の Public Contracts を日本語に訳したものである。「公契約における労働条項」や「公契約法／条例」についての理解に資するため、ここでは ILO 第 94 号条約の概要を紹介する。

(1)　条約の概要

1949年に採択された ILO 第 94 号条約は、フランス、米国のほか、英国で既に制定されていた公契約法／条例を国際的な公正労働基準として条約化したものである[2]。

この条約[3]は、当事者の少なくとも一方が公の機関であり(第1条第1項(a))、公の機関による資金の支出と契約の他方当事者による労働者の使用を伴い(第1条第1項(b))、①土木工事の建設、変更、修理若しくは解体、②材料、補給品若しくは装置の製作、組立て、取扱若しくは発送、又は③労務の遂行若しくは提供に対する(第1条第1項(c))契約に適用される。公の機関と公契約を締結した業者のみならず、下請負業者にもこの条約は適用される。批准国は、対象となる公契約について、労働条項を挿入しなくてはならない。

ILO 第 94 号条約が求める賃金の水準は、同一地域の同一性質の労働に「劣らない有利な」賃金である。この賃金水準は、その職業に相応しい公正な賃金を求めたものであり、生活できる最低水準の賃金に留まらず、その地域における賃金相場以上の賃金を要求して

---

[1] 例えば、平成23年1月5日、片山総務大臣(当時)の記者会見における発言。総務省「片山総務大臣閣議後記者会見の概要」2011.1.5. <http://www.soumu.go.jp/menu_news/kaiken/02koho01_03000154.html>; 白石孝「官製ワーキングプアと外部委託」『ガバナンス』2011.3, pp.23-25.
[2] 古川景一「公契約規制の理論と実践」『労働法律旬報』No.1581, 2004.8.上旬, p.52.
[3] 日本語訳は、労働省編『ILO条約・勧告集(第7版)』財団法人労務行政研究所, 2000, pp.398-400.を参照。

いるという解釈[4]もある。
　条約が対象とする公契約は、批准国の中央機関によって査定（award）される公契約である（第1条第1項(d)）。地方自治体の公契約に適用されるか否かについては議論があるが、適用される方法および範囲は批准国の裁量に委ねられ、弾力的に適用する余地が批准国に与えられている[5]。

（2）批准国
　ILO第94号条約を批准した国は、フランス、イタリア、英国、マレーシア・サバ州、マレーシア・サラワク州、フィリピン、シンガポールなど、62の国・地域である。このうち、英国は1950年に批准したが、1982年に破棄しているため、現在有効な批准国は61の国・地域である。[6]
　米国および日本は批准していない。

2　公契約法／条例の範囲と労働条項
　公契約法／条例が対象とする規制の範囲を広義に捉えれば、例えば、委託先企業の男女平等参画や障害者雇用、環境問題への取組みをも公契約法／条例の条項として盛り込むことが可能である[7]。こうした社会的価値の実現に関する条項を社会条項と呼ぶ。
　一方、ILO第94号条約や本稿で紹介する公契約法／条例は、公契約に盛り込むべき社会条項を公契約事業に従事する労働者の労働条件に関する条項に限定している。このような労働条件に関する条項を労働条項と呼ぶ。
　現在、日本における公契約法／条例に関する議論は、労働条項に焦点が置かれている。なかでも、賃金に特化したものが多く、単に公契約法／条例と言った場合、公契約事業に従事する労働者の賃金の最低基準を定めるものと理解されることが多い。したがって、本稿では、主に賃金の最低基準を設定するものを「公契約法／条例」と呼ぶ。

II　諸外国の公契約法／条例の沿革

1　フランスの公契約法／条例
　国際的にみると、公契約法／条例はフランスに端を発している[8]。パリ市が、1888年に公共土木工事に関する請負契約書の中に労働条項の挿入を義務付けたのが始まりとされている[9]。ところが、参事院（Conseil d'Etat）により「労働の自由を侵害し、市参事会（Conseil municipal）の権限を超えるもの」[10]として無効判決が下された。そこで、フランス政府は、1899年の大統領令（発意者である当時の商務大臣ミルランの名をとり「ミルラン命令」と

---
[4] 全日本自治団体労働組合「資料　社会的価値をめざす自治体契約制度の提言―政策入札で地域を変える―」（自治体入札・委託契約制度研究会最終報告, 2001.10）『賃金と社会保障』1311号, 2001.12.上旬, p.55.
[5] 清水敏「ILO94号条約の概要とその適用をめぐる諸問題」『世界の労働』57(6), 2007.6, p.17.
[6] 2011年12月7日現在。ILOLEX <http://www.ilo.org/ilolex/cgi-lex/convde.pl?C094>
[7] 全日本自治団体労働組合　前掲注(4), pp.54-56.
[8] 古川景一「公契約規整の到達点と課題―川崎市契約条例を中心に―」『季刊・労働者の権利』Vol.290, 2011.Sum., p.84.
[9] 以下、フランスにおける公契約規制の沿革について、古川　前掲注(2), p.50.参照。
[10] 外尾健一「フランスの最低賃金制」『季刊労働法』9号, 1952.9, p.126.

呼ばれている）により、公共土木事業の入札書に労働条項を挿入することを規定した[11]。

現在のフランス公契約法典（Code des Marchés Publics）には、労働者の社会保険加入等、限定的な規制が残るのみとなっている[12]。産業部門別の労働協約により、賃金等の労働条件の最低基準を直接保障するシステムとなっているためである。

2　米国の公契約法

（1）州法

1891年にカンザス州で、米国の州法として最古の公契約法が成立した。同州および同州内の地方自治体がスポンサーとなる公共工事に従事する労働者に対して、その工事が予定されている地方において一般的に通用している賃金の支払いを請負人に義務づけるものであった[13]。同様の州法はその後、他の州にも広がり、1979年の時点で、全米50州中の41州に公契約法が存在した。1979年以降9州が法律を廃止し、又は裁判所により無効とされたため、現在は32州に存在する[14]。

（2）連邦法

連邦レベルの公契約を規制する法律として、建設産業（2,000ドルを超える契約：下記参照）に適用されるデービス・ベーコン法[15]、物の製造及び供給に関する事業（1万ドルを超える契約）に適用されるウォルシュ・ヒーリー公契約法[16]、労務の供給に関する事業（2,500ドルを超える契約）に適用されるマクナマラ・オハラ・サービス契約法[17]等がある。

最初に成立したデービス・ベーコン法は、公契約法／条例を議論する際、しばしば言及される代表的な立法である。1964年の改正により、医療保険、有給休日等の「付加給付」も「最低賃金」の概念に含まれるようになった[18]。

デービス・ベーコン法の要点は次のとおりである[19]。

① 連邦政府が一方当事者となる、公共建築物の建設、改築等又は公共土木事業についての2,000ドルを超える契約が対象となる。

---

[11] ミルラン命令は、(1)国、(2)県（départements）、(3)市町村（communes）及び慈善団体（établissements de bienfaisance）のそれぞれに対する3つの命令から成る。国の締結する入札契約については労働条項の挿入を義務とし、地方自治体については労働条項を「挿入することができる」とするものであった。詳細は、アンリ・カピタン、ポール・キューシュ（星野辰雄・石崎政一郎 訳）『労働法提要』梓書房, 1932.（原書名：Capitant, Henri et Cuche, Paul, *Précis de législation industrielle*, Deuxiéme edition, 1930）; 外尾　同上, p.126.参照。
[12] 川口美貴「フランス建設産業の労働条件と労働協約」和田肇ほか『建設産業の労働条件と労働協約』旬報社, 2003, pp.130-132.
[13] 清水敏「公契約規制立法にかんする一考察」『早稲田法学』64(4), 1989, p.446.
[14] 例として、ミネソタ州労働産業省のウェブサイトでは、州公契約法本文や地域別職種別の一般的賃金（prevailing wage）等が閲覧できる。支給されるべき賃金が支払われなかった場合に労働者が異議を申し立てるための書式も同ウェブサイトからダウンロードできるようになっている。Minnesota Department of Labor and Industry. <http://www.dli.mn.gov/LS/PrevWage.asp>; なお、カンザス州の州法は1987年に廃止されている。Peter Philips, Kansas and prevailing wage legislation, Prepared for the Kansas Senate Labor and Industries Committee, 1998. <http://www.smacna.org/legislative/kansas_prevailing_wage.pdf>
[15] Davis-Bacon Act of 1931, Pub. L. 71-798, 46 Stat. 1494. 40 U.S.C. §§3141-3148.
[16] Walsh–Healey Public Contracts Act of 1936, Pub. L. 74-846. 49 Stat. 2036. 41 U.S.C. §§35-45.
[17] Service Contract Act of 1965, Pub. L. 89-286, 79 Stat. 1034, 41 U.S.C. §§351-358. "McNamara-O'Hara Service Contract Act"と通称されている。
[18] 前掲注(15); 清水　前掲注(13), pp.449-452. 米国では、医療給付等は企業内の付加給付となっている。
[19] 同上

② ①の契約に基づく工事に従事するすべての労働者（下請労働者を含む）に対し、最低賃金（(A)基本的な時間賃金又は賃率 (B)医療給付、年金給付、失業給付、有給休暇等）を支払う旨の条項を設ける。
③ 最低賃金は、労働長官がその工事が実施される地方において類似の労働者に支払われている一般的賃金とみなすものを基礎として決定される。

その他、契約中に定める条件として、労働者に支給すべき賃金の支給義務、賃金額の掲示、契約違反の場合に連邦政府が工事続行の権利を停止することができる旨の規定を含めなければならないとされている。工事が停止された場合は、会計検査院長が労働者に直接賃金を支払う。また、会計検査院長は、契約に違反した企業の名簿を連邦政府各省庁に配付し、当該企業又は団体は、連邦政府の契約に参加する権利を3年間剥奪される。

Ⅲ　日本における公契約法／条例の動向

1　ILO第94号条約採択を受けた国内法整備の検討

（1）昭和25年の「國等の契約における労働條項に関する法律案」
（ⅰ）法案の内容

昭和25年秋、労働省は、「國等の契約における労働條項に関する法律案」を作成した[20]。この法案は、ILO第94号条約の採択を受けたものであり[21]、国等の公契約事業に従事する労働者の適正な労働条件の確保を目的とした公契約法案であった[22]。

同法案は、国、公団、公庫、専売公社および国有鉄道などの国の機関を「国等」の範囲とし（第1条）、国等と国等以外の者との契約で、国等以外の者が役務等の提供を行い、国等がその対価の支払いをなすものを対象とした（第2条）。工事の完成、物の生産および役務の提供を「役務等」の範囲としており、幅広い業種および職種を適用対象とした。

その契約に盛り込まれるべき労働条項（第4条）は、労働条件のうち賃金にほとんど的が絞られ、同一地域における同種の職業に従事する労働者に対し一般に支払われている賃金を基準として定められる一般職種別賃金額（第6条第2項）を下回らない賃金を支払わせるものであった。下請を含む請負業者が労働者に一般職種別賃金を下回る賃金を支払うか、賃金を支払わない場合は、国等は不足賃金に相当する額の支払いを留保でき（第7条）、労働条項のうち重要な事項に違反した場合は、当該契約を解除できるとした（第9条）。

（ⅱ）法案に対する議論

同法案は、同年の第8回臨時国会への提出が目指されていたが、第三次吉田茂内閣は「関係方面の諒解が得られないことを理由として」[23]提出を断念した。引き続き、同年の第9

---

[20] 「一般職種別賃金の新構想と現状―國等の契約における労働條項に関する法律案の内容―」『労政時報』1116号,1950.11, pp.2-17.
[21] 当時、日本は国際労働機関（ILO）に加盟していなかったが、「日本の国際貿易とのつながりその他の関係で、大体総会で採択されたもの、できるだけ国内法として消化して行く方がいい」（第7回国会衆議院大蔵委員会議録第62号　昭和25年4月30日, pp.3-4. 寺本廣作政府委員（労働省労働基準局長）の答弁）との考え方があった。
[22] 前掲注(20). 以下、同法案の内容はこの資料による。
[23] 市川誠「一般職種別賃金を含む公契約法の問題」『労働経済旬報』4(109), 1950, p.17.

回臨時国会への提出が「予想されていた」[24]が、結局提出に至らなかった。

同法案については、特に経済界からの反発が強かった。当時の日本経営者団体連盟（日経連）は、「日本の経済的、社会的実情に副わないのみならず関係業者の存在をも危殆に瀕しせしめる」[25]と主張し、また建設工業労務研究会、全国建設業者協会および日本鉄道車両工業協会などが、憲法第14条の「法の下の平等」に違反という批判のほか、戦後間もない復興期ということもあり、時期尚早といった経済的観点からの反対論を展開した[26]。

（2）昭和30年代以降の主な議論

昭和25年に法案提出を断念した後も、公契約法案の検討は続いていた。昭和30年代前半には、政府は、日本では労働基準法（昭和22年法律第49号）や最低賃金法（昭和34年法律第137号）の適用範囲が広いため、公契約法の「実益は割合少い」としながらも、失業者が多い地域に政府が集中的に発注を行い、有効需要を喚起する失業対策、不況対策の観点から「十分検討を加えたい」と答弁していた[27]。

ところが、昭和30年代後半には、「なお慎重なる検討を要するものだ」[28]と答弁が後退した。昭和38年には、ILO第94号条約の採択を受けた国内法整備に活用するため維持されていた「政府に対する不正手段による支払請求の防止等に関する法律」（昭和22年法律第171号）の一般職種別賃金額の告示に関する規定が廃止された。同法は、昭和25年に基本部分が廃止されたが、一般職種別賃金額の告示に関する規定は公契約法の制定施行までという条件で効力が残されていた。しかし、結局公契約法が制定されないまま消滅した。

昭和40年代以降は、公契約法の議論は下火になるが、ILO第94号条約が未批准であることが、たびたび問題として取り上げられた[29]。その度に政府は、批准の前提となる国内法令の整備が困難であるとして、公契約法の制定や条約の批准を否定してきた。

（3）平成以降の動き

バブル崩壊後の長期不況による公共工事の入札競争の激化の影響を受けた建設業の従事者を中心に、平成13年ごろから公契約法／条例を求める動きが活発になった[30]。要求の中心は、下落を続ける賃金の適正な水準を確保することにあった。平成14年度以降、急速に公共事業が削減される[31]一方、経費削減を目的とした民間委託が多分野に進展するようになると、公契約における適正な賃金水準の確保を求める動きは、次第に建設産業以外の分野にも広がった。最近では、全日本自治団体労働組合（自治労）や日本労働組合総連合会（連合）などの労働組合も、公契約法／条例を求める運動を本格化させている[32]。

---

[24] 法政大学大原社会問題研究所編『日本労働年鑑』第24集, 1952, p.857.
[25] 同上, pp.857-858.
[26] 市川 前掲注(23), pp.18-19.
[27] 第28回国会衆議院社会労働委員会議録第13号 昭和33年2月28日, p.12. 多賀谷眞稔衆議院議員の質問に対する堀秀夫労働省労働基準局長の答弁。
[28] 第38回国会衆議院社会労働委員会議録第25号 昭和36年4月11日, p.18. 五島虎雄衆議院議員の質問に対する大島靖労働省労働基準局長の答弁。
[29] 第102回国会参議院地方行政委員会会議録第7号 昭和60年3月26日, pp.31-32. 神谷信之助参議院議員の発言；第122回国会衆議院労働委員会議録第2号 平成3年11月22日, pp.14-16. 沖田正人衆議院議員の発言など。
[30] 松森陽一「公共工事の分野から働くルールを求めて」『賃金と社会保障』1502号, 2009.11.下旬, pp.16-21.
[31] 亀本和彦「公共事業の削減とその影響」『レファレンス』648号, 2005.1, pp.16-18.
[32] 渡辺木綿子「公契約条例」（第2特集 政策・制度課題に対する労働組合の対応）『Business Labor Trend』通巻432号, 2011.3, pp.42-43.

国会では、超党派の国会議員で構成された議員連盟において公契約法の制定が議論され、平成21年には、国が発注する公共工事における労働者の報酬の確保を図るため、「公共工事報酬確保法案」が民主党参議院議員を中心に作成された[33]。この案は、対象を国及び特殊法人が発注者となる公共工事に限定しているが、対象者を労働基準法上の労働者よりも広く「公共工事作業従事者」とし、作業の種類、熟練度、地域ごとに「基準作業報酬」を定めるとしたことに特徴がある。また、受注者に対し、報酬額の支払いを法律自体によって直接的に義務付けるのではなく、発注者と受注者の合意に基づく契約によって義務付けるという方法をとったこと、受注者が契約上の義務に違反した場合、国等が契約解除や入札資格の停止を行うことができる旨を規定したことも注目される（巻末表参照）。この案は7月に民主党のネクストキャビネットに報告されたが、同年の衆議院選挙における民主党マニフェストには掲載されず、国会には提出されていない[34]。

　平成21年の衆議院選挙の結果、民主党が政権につくと、政府から、公契約法の制定に関して議論を進めることが重要であるとの見解が示されるようになった。鳩山由紀夫内閣総理大臣（当時）は、賃金などの労働条件は、労働基準法や最低賃金法などを守ることは当然とし、「その具体的なあり方は労使間で自主的に決める」ことが原則であるとしつつ、「公契約における賃金などの労働条件のあり方に関しては、発注者である国の機関や地方自治体も含めて幅広く議論を進めていくことが重要」との見解を示した[35]。国会審議において、厚生労働省労働基準局長は、地方公共団体での取組み状況の把握や発注の際の工夫のあり方、最低賃金制度との関係について、研究・検討を進めていることを明らかにしている[36]。

2　地方自治体の動き

（1）地方議会における意見書の採択

　地方自治体における公契約法／条例に関する動きは、まず国や地方自治体に公契約法／条例の制定を求める議会の意見書（請願・陳情の採択も含む）から始まった。公契約条例の制定の検討を求める陳情は平成13年に東京都東大和市議会において採択され、平成14年には国に公契約法の制定を求める意見書が神戸市会で可決された[37]。こうした意見書の採択を行った地方議会は、平成23年1月17日現在で42都道府県の847議会、意見書の数は864件にのぼっている[38]。

（2）入札方法の工夫

　議会における意見書の議決にとどまらず、入札方法を工夫するなどの具体的な行動を開

---

[33] 「国等が発注する建設工事の適正な施工を確保するための公共工事作業従事者の適正な作業報酬等の確保に関する法律（案）」『労働法律旬報』1719号, 2010.5.上旬, pp.68-71; 同案の解説として、古川景一「公契約規整の到達点と当面の課題」『労働法律旬報』1719号, 2010.5.上旬, pp.11-13.
[34] 「【次の内閣】国民の皆さんのために素晴らしいマニフェストを　鳩山代表」2009.7.8. <http://www1.dpj.or.jp/news/?num=16488>;「「公契約条例」広がるが進まない国での法制化」『週刊東洋経済』6312号, 2011.2.26, pp.100-101.
[35] 第174回国会衆議院会議録第6号　平成22年2月2日, p.18. 重野安正衆議院議員の質問に対する答弁。
[36] 第177回国会衆議院予算委員会第八分科会議録（国土交通省所管）第1号　平成23年2月25日, p.13. 服部良一衆議院議員の質問に対する金子順一政府参考人（厚生労働省労働基準局長）の答弁。
[37] 高橋義次「公契約運動の前進で確かな建設産業を」『労働法律旬報』1719号, 2010.5.上旬, p.27.
[38] 全建総連賃金対策部「公契約条例（法）等の自治体に対する取り組み状況」2011年1月17日 <http://www.zenkensoren.org/news/02jorei/pdf/koukeiyaku20110117.pdf>

始することで賃金の確保を図ろうとする自治体も現れた。大阪府の「留意事項（平成 16 年）」[39]や北海道函館市の「指導要綱（平成 13 年）」[40]はその先駆的な例である。これらは法的な拘束力を持たないが、労働者への賃金支払いにあたり、公共工事設計労務単価[41]を考慮することなどを求めている[42]。また、東京都国分寺市は「基本指針（平成 19 年）」を策定し、市の調達にかかわる者に適正な労働条件や賃金水準を確保するよう努めることを求め、実態を把握するための環境整備を図ることを目標として掲げている[43]。

　より効果の高い方法として、公契約の入札時の評価項目に労働条件に関する項目を置く自治体もある。平成 20 年 9 月から導入された東京都日野市の総合評価方式による公共工事請負入札は、その代表例である。特に、評価項目の中に、労務単価が公共工事設計労務単価の 80％以上であることが確認できるという賃金に関する具体的な基準を置いた点で注目される。

（3）　条例の制定

　入札方法の工夫だけではなく、条例制定という形で公契約における賃金水準を確保することを目指す自治体も現れた[44]。平成 20 年 6 月に制定された山形県の「公共調達基本条例」[45]は、公共工事の入札における基本的な理念を示したものであり、賃金の下限を具体的に定めたものではないが、要綱や規則等ではなく、議会の議決による条例という形をとった点で、公契約条例の制定に先んじた重要な事例と評されている[46]。

　具体的な賃金の下限を条例で定める公契約条例の初めての事例といえるのは、兵庫県尼崎市の条例案[47]である。業務委託の際の賃金基準を同市行政職初任給（高校卒業程度）に設定するなど、画期的な内容が含まれていた。条例案は、平成 20 年 12 月に議員提案で提出されたが、審議が難航し、平成 21 年 5 月に否決され廃案となった[48]。

　尼崎市条例案の廃案から 4 か月後の平成 21 年 9 月、千葉県野田市において全国で初めて、賃金の下限額の基準を具体的に定める公契約条例が制定された。制定に至った背景には、根本崇野田市長の強い後押しがあった。ついで、平成 22 年 12 月には川崎市が契約条

---

[39] 大阪府建設都市部公共建設室「大阪府発注工事の受注・施工にあたっての公共工事の適正な施工体制の確保に関する留意事項」（平成16年2月）<http://www.zenkensoren.org/news/02jorei/pdf/oosakaryuijikou.pdf>（全建総連ホームページに掲載）
[40] 函館市土木部長「適正な工事の施工を！―工事、委託の施工上の留意事項―」<http://www.city.hakodate.hokkaido.jp/doboku/tekisei-kouji.pdf>
[41] 公共工事発注の際の予定価格の積算に必要な労務費を算定するため、国土交通省と農林水産省が公共工事等に従事する労働者の賃金実態調査を行い、47都道府県別、51職種別に毎年決定する1日8時間当たりの標準的な賃金額（二省協定）。
[42] 伊藤圭一「なぜ、今、「公契約」適正化運動なのか」『賃金と社会保障』1502号, 2009.11.下旬, p.11.
[43] 国分寺市「国分寺市の調達に関する基本方針」（平成19年7月18日策定）<http://www.city.kokubunji.tokyo.jp/dbps_data/_material_/localhost/200000/s201000/kokubunjikihonsisin.pdf>; 上林陽治「資料2　政策目的型入札改革に関する自治体の取り組み」自治研作業委員会報告『公契約条例のさらなる制定に向けて』2011.9, p.113. <http://www.jichiro.gr.jp/jichiken/sagyouiinnkai/33-kokeiyakuseitei/contents.htm>
[44] 自治体の条例制定への取組みを整理したものとして、渡辺木綿子「自治体における公契約および指定管理者制度の現状と課題」『月刊社会保険労務士』46(11), 2010.11, pp.8-12;『週刊東洋経済』前掲注(34)
[45] 山形県「山形県公共調達基本条例」（平成20年7月18日山形県条例第43号）<http://www.pref.yamagata.jp/Reiki/420901010043000000/420901010043000000/420901010043000000.html>
[46] 上林　前掲注(43), p.107.
[47] 理念を示した「尼崎市における公共事業及び公契約の契約制度のあり方に関する基本条例」、業務委託を対象とした「尼崎市における公契約の契約制度のあり方に関する条例」、公共工事を対象とした「尼崎市における公共事業の契約制度のあり方に関する条例」の3つの条例案からなる。条例案の本文は「尼崎市議会平成20年12月2日議員提出条例案関係資料」『労働法律旬報』1719号, 2010.5.上旬, pp.59-63.参照。
[48]「公契約条例案を否決」『読売新聞（兵庫）』2009.5.16.

例を大幅に改正し、全国で2番目、政令指定都市としては初めて、公契約における賃金の下限基準を条例に盛り込んだ。

(ⅰ) 野田市公契約条例

野田市公契約条例は、公契約事業における賃金は市長の定める最低額以上が支払われるべきことを初めて条例で示した点で画期的である。賃金の下限額は、公共工事は公共工事設計労務単価の8割を、業務委託は、例えば清掃業務の場合、野田市一般職職員(用務員(18歳))の初任給を目安に野田市長が決定することが定められている[49](巻末表参照)。

条例を施行したことで、清掃業務については、最低賃金(時給728円:平成21年度)ぎりぎりの水準であった労働者の時給を100円程度引き上げることができ、官製ワーキングプアの解消に向けて確実な効果があったという。一方、賃金の下限をもともと上回っていた施設の設備と機器の運転管理業務及び保守点検業務については、実質的な効果はなかったという[50]。条例制定により、落札額は合計で前年比700万円(1.8%)増となった[51]。

野田市公契約条例はおおむね高い評価をもって迎えられたが、課題も指摘された。主に、①対象となる労働者が労働基準法第9条の労働者[52]に限られ、建設現場に多い一人親方[53]を含まないこと、②賃金の下限が、公共工事に関しては設計労務単価の8割にとどめられるなど、水準が低いこと、③受注者が条例に違反し契約解除となった場合、その受注者に雇用されていた労働者を保護する規定がないこと、である[54]。

こうした問題を踏まえ、本条例はこれまでに2回改正されている。平成22年の改正は、適用対象となる業務委託の範囲を拡大し、職種別賃金を導入[55]したほか、条例が適用される業務委託契約の長期継続契約の締結を可能にし、受注者変更時の新受注者に継続雇用確保努力義務を課した。下請業者の請負額を確保するための規定も盛り込まれた。一人親方は原則として対象外としたが、資材を自分で調達せず、かつ機械も持ち込まない者は、実質的に日雇労働者と同視できるとして、適用対象とした[56]。平成23年の改正は、対象となる公共工事の範囲を従前の予定価格1億円以上から5000万円以上に引き下げた[57]。

(ⅱ) 川崎市契約条例の改正

川崎市の条例[58]は、野田市の公契約条例と比較して、対象とする範囲が広いことが特徴

---

[49] 野田市「野田市公契約条例の一部を改正する条例(平成22年9月30日公布)の概要」p.2. <http://www.city.noda.chiba.jp/city/pdf/23-1gaiyou.pdf>; 同「野田市公契約条例の手引」2011.11.1, pp.6-7. <http://www.city.noda.chiba.jp/nyusatu/pdf/sougou-08_1.pdf>
[50] 野田市「野田市公契約条例の一部を改正する条例(平成22年9月30日公布)の概要」同上, p.2.
[51] 根本崇(野田市長)「私の視点 ワーキングプア 公契約で行政も責任果たせ」『朝日新聞』2010.4.16.
[52] 職業の種類を問わず、事業又は事務所に使用される者で、賃金を支払われる者。
[53] 「一人親方」とは、個人事業主として建設工事等に従事する者であって、受注者等から業務を請け負うが、雇用関係にはない者のこと。
[54] 伊藤 前掲注(42), p.14; 根本崇野田市長は、「(設計労務単価の)現行8割を9割に引き上げることを考えている」との意向を示している。「導入へ検討広がる公契約条例―野田市では制度改善も」『京都府職労ニュース』2011.6.24. <http://www.k-fusyoku.jp/merumaga/11melmaga/topix/koukeiyaku.html>
[55] 平成23年度の額は、野田市「野田市公契約条例に規定する市長が定める賃金の最低額(平成23年度分)」<http://www.city.noda.chiba.jp/nyusatu/pdf/keiyaku-youshiki3.pdf>を参照。
[56] 野田市「野田市公契約条例の一部を改正する条例(平成22年9月30日公布)の概要」前掲注(49), p.6.
[57] 野田市「野田市公契約条例の一部を改正する条例案(平成23年8月31日公表)」<http://www.city.noda.chiba.jp/kakusyu/pdf/23-1jourei.pdf>. 野田市平成23年第4回定例会(9月)に議案第2号として上程され、全会一致で可決されている。
[58] 川崎市「川崎市契約条例の一部を改正する条例新旧対照表」<http://www.city.kawasaki.jp/pubcomment/info475/file3914.pdf>; 解説として、古川 前掲注(8), p.88; 阿部孝夫(川崎市長)「公契約条例による公共工事等

である。規制の対象となる労働者には、一人親方等の個人請負形態の従事者が含まれる。また、指定管理者との協定も規制対象としたほか[59]、PFI 契約の事業者及び市が出資した法人であって市長が指定した者にも、条例に準じた措置を講ずる努力義務を課した（巻末表参照）。

また、労働者に支払われる賃金の下限額（作業報酬下限額）の規制方法として、野田市のように条例で直接その支払いを義務付けるのではなく、契約中に下限額に関する条項を含めるよう定めることで、賃金下限額の支払いを受注者の契約上の義務として、いわば間接的に規制する方法をとっている。

作業報酬下限額は、公共工事については野田市と同様に設計労務単価を基準とするが、業務委託については生活保護法（昭和25年法律第144号）第8条第1項に規定する厚生労働大臣の定める基準において川崎市に適用される額を基準にした[60]。また、下限額の決定にあたって、公益代表・労働者代表・使用者代表で構成される作業報酬審議会の意見をあらかじめ聴かなければならないとしている点が、野田市とは異なる。

(iii) その他の自治体の動き

こうした動きを受けて、他の自治体でも、公契約条例の制定を目指す動きが相次いでいる。平成23年1月現在で公契約条例制定の検討を求める議決（請願・陳情の採択を含む）を行った自治体は、6都府県の20市議会である[61]。このうち、東京都国分寺市は、既に条例案を公表しており、平成22年12月の議会上程を目指していたが、東日本大震災の影響もあって調整が続けられている[62]。また、札幌市が北海道内で初めて公契約条例の制定に向けた具体的検討に入ったと報じられている[63]。

IV 公契約法／条例の課題

1 公契約条例と既存の法律の関係

公契約条例によって賃金などの労働条件の基準を地方自治体が設定することをめぐっては、主に憲法、最低賃金法、地方自治法と公契約条例の関係が論点となった[64]。

(1) 憲法との関係

条例で賃金その他の労働条件を定めることは、憲法第27条第2項の「賃金、就業時間、休息その他の勤労条件に関する基準は、法律でこれを定める（下線筆者）」とした規定に違

の品質の確保と労働環境の整備」『労働の科学』66(8), 2011.8, p.1.
[59] 野田市条例は指定管理者の指定を直接の規制対象とはしていないが、条例第15条において、総合評価一般競争入札による落札者の決定又は指定管理者の候補者の選定の際は、賃金を評価することが必要と定めている。野田市「野田市公契約条例の一部を改正する条例（平成22年9月30日公布）の概要」 前掲注(49), p.10.
[60] 平成23年度の業務委託契約における作業報酬下限額は893円。作業報酬下限額を審議する作業報酬審議会の議事録等は公開されていないが、12〜19歳単身の生活保護基準を基に算出したと推察される。斎藤徹史「第1章 公契約の位置づけと入札改革」自治研作業委員会報告 前掲注(43), pp.29-31.
[61] 全建総連賃金対策部 前掲注(38).
[62] 「関東各都県自治体 公契約条例制定・検討の動向・下 国分寺市」『日刊建設工業新聞』2010.9.30；国分寺市「国分寺市議会だより」2011.8.1, p.5. <http://www.city.kokubunji.tokyo.jp/dbps_data/_material_/localhost/100000/s101000/gikaionsei/2010/03/20101007/23_kimura/gikaidayori0801_P1-8.pdf>
[63] 「上田札幌市長 公契約条例を策定へ 考えを明らかに」『毎日新聞（北海道版）』2011.9.29.
[64] 公契約条例と既存の法律との関係上の問題について、小畑精武『公契約条例入門』旬報社, 2010, pp.104-113.

反するとの意見がある。これに対し、公契約条例は、地方公共団体による労働条件に対する介入を意図したものではなく、適用されるのは自治体が契約の当事者となる場合に限られ、適用対象も契約の相手方である事業主に限られること、また、事業者が公契約条例に沿った契約内容に同意するかしないかは事業主の自由であり、法的に強制されるものではないことから、違憲とはならないとの反論がある。[65]

（2）最低賃金法との関係

最低賃金法で定める最低賃金額を上回る額を条例で規定することは、最低賃金法違反であるとの主張がある[66]。公契約条例と最低賃金法の関係については、政府が質問主意書への回答という形で見解を示している。この回答で政府は、公契約条例及び総合評価方式による入札において、契約の相手方である企業等の使用者に対し、最低賃金法に定める最低賃金額を上回る賃金を労働者に支払わなくてはならないと定めることは、同法上、問題となるものではないとの見解を示している[67]。

（3）地方自治法との関係

地方自治法（昭和22年法律第67号）第14条第1項に定める条例制定範囲の逸脱、及び同法第2条第14項に定める「最小の経費で最大の効果を挙げるようにしなければならない」という原則に対する違反が問題となる。前者については、公契約条例は自治体が締結する公契約の内容を定めたものであり、地方自治体の事務に属すること、また、条例が労働条件の内容に公権的に介入することを意図したものではなく、地方自治法に定める条例制定権の範囲内にあるとの反論がある。後者については、住民にとって必要不可欠な事業は、執行に一定の経費を要するとしても、単に経費の観点から要否が判断されてはならないとの意見がある。[68]

2　主な論点・課題

（1）条例設計上の課題

公契約条例の内容をめぐり、考慮すべき点として、次のような点が指摘されている[69]。
① 対象とする公契約の範囲をどのように設定するか：
　　予定価格が一定以上の契約を対象とし、公共工事のみを対象とする例（公共工事報酬確保法案）、業務委託を対象とするが、対象業務を限定する例（野田市、川崎市）、PFIや指定管理者の選定も対象とする例（川崎市）がある。
② 対象とする労働者の範囲をどのように設定するか：
　　労働基準法上の労働者に限らず、一人親方などの個人請負の者も含めた、より広い範囲の従事者を対象とする例（川崎市）、限定的ながら一人親方の一部も対象

---

[65] 晴山一穂「資料4「尼崎市における公契約の契約制度のあり方に関する条例案」に対する意見書（2009年2月18日）」『労働法律旬報』1719号, 2010.5.上旬, pp.64-65.
[66] 同上, p.66.
[67] 内閣参質171第64号尾立源幸議員提出「最低賃金法と公契約条例の関係に関する質問主意書」平成21年2月24日；答弁書第64号 平成21年3月6日.
[68] 晴山　前掲注(65), pp.66-67.
[69] 公契約条例の制度設計に関する論点を整理した資料として、勝島行正、上林陽治「今後に向けて 浮き彫りになった論点と課題」辻山幸宣ほか編著『公契約を考える』（自治総研ブックレット9）公人社, 2010, pp.86-92.

とする例（野田市）がある。
③ 賃金水準をどのように設定するか：
　公共工事に関しては、公共工事設計労務単価を基準とする例（野田市、川崎市）があるが、下落を続ける設計労務単価を基準とすることに疑問が呈されている。業務委託に関しては、委託する業務の職種別・地域別に賃金を設定しようとする場合、公共工事設計労務単価のような一律の基準となる指標がなく、困難が伴う。
④ 受注者変更後の雇用の継承・維持をどのように確保するか：
　地方自治法第 234 条の 3 の長期継続契約の規定を活用し、複数年契約により、長期雇用の確保を目指す一方、従前の受注者に雇用されていた労働者を、継続雇用するよう新しい受注者に努力義務を課す例（野田市）がある[70]。

（２）公契約法／条例の影響
⑤ 企業への影響：
　公契約条例により賃金の最低額が義務付けられると、赤字覚悟で落札して倒産する会社が出てくるため、失業者が増えるのではないかとの懸念がある[71]。一方で、公契約法／条例により一定以上の労働条件を確保することが前提となれば、公平な競争ができるようになるとの主張もある[72]。

おわりに

　公契約法／条例を論じる際に取り上げられることが多い「官製ワーキングプア」は、もともとは国や自治体の賃金の低い非常勤職員に関して使われていた概念であるが、経費削減を目的とした行政の外部化の進展に伴い「もうひとつの官製ワーキングプア」として公契約事業に従事する労働者をも指して使われるようになった[73]。いち早く公契約条例を制定した野田市によれば、前述のとおり、最低賃金ぎりぎりの水準であった労働者の時給を 100 円程度引き上げることができた[74]。さらに、市が任用する非常勤職員に公契約条例で定めた基準（時給 829 円）を下回る者が存在していたため、これも是正したという[75]。
　公契約法／条例には、このような波及効果があり、官民問わず、業種・職種に相応しい一定以上の賃金を支払うことを前提とした、公正な労働市場の形成に資することが期待される。平成 23 年 3 月に発生した東日本大震災の復旧復興事業の多くは公契約事業となることが予想されるが、こうした事業に公契約法／条例を取り入れ、被災失業者を雇用し、一定水準以上の賃金を支払うことで、被災地の消費需要を喚起し、地域経済の復興に資することも考えられる。一方で、賃金相場の上昇が地元の企業に与える影響も考慮する必要がある。こうした点を踏まえ、公契約法／条例に関する議論の今後の進展が望まれる。

---

[70] 上林　前掲注(43), pp. 107-108; 同「第 2 章 公契約条例の現段階と課題」p.35.
[71] 「受注競争のツケ 労働者に回さない 最低賃金 市が決定へ」『読売新聞(東京版)』2010.9.3. 同様の主張は、最低賃金引上げに対する反対論にもみられる。例えば、「最低賃金上げ 消費刺激は限定的か「雇用に悪影響」の見方も」『読売新聞』2010.8.6.
[72] 古川　前掲注(8), p.86.
[73] 白石　前掲注(1) 参照。
[74] 野田市「野田市公契約条例の一部を改正する条例（平成 22 年 9 月 30 日公布）の概要」　前掲注(49), p.2.
[75] 上林「第 2 章 公契約条例の現段階と課題」　前掲注(70), p.36.

公契約法／条例（案を含む）の主な内容

名称	目的	適用される契約の範囲	適用される労働者の範囲	賃金下限に関する規定	実効性確保の方法
尼崎市公契約基本条例（案）【基本理念】	市、事業者及び市民の責務を明らかにすることにより、社会的価値の向上に資する。【基本理念】市、事業者、市民は、公共事業・公契約の成果、サービスの質の維持、社会的価値の向上に努めなければならない。	—	—	—	—
尼崎市公契約条例（案）（平20.12提出）	公契約による公共サービスの質の維持・向上、施設維持管理者等の同上、雇用の確保、地域経済の活性化、地域福祉の向上	公契約※基本条例に定義あり。実施される請負、業務委託、指定管理者等の同意により行われる他の施設の管理（予定価格500万円未満のものは適用外）が可能	受注者、下請事業者、派遣事業者に雇用され、専ら当該公契約に係る業務に従事する者	高卒行政職初任給を下回らない額を市長が決定	・市は、労働者からの意見の申出に基づき報告を求め、調査、立入検査を行うこと等に反する事実があった場合は是正を求めることができ、従わない場合は公表、評価点の引下げ、（指定取消し）が可能
公共事業基本条例（案）	公共事業の維持、社会的価値の向上、地域経済の活性化、地域福祉の向上の確保	公共事業※基本条例に定義あり。実施される公共工事	—	—	—
野田市公契約条例（平21.9制定）	業務の質の確保及び公契約の社会的価値の向上を図り、市民が豊かで安心して暮らすことのできる地域社会の実現	・公共工事等：予定価格5000万円以上・業務委託：予定価格1000万円以上のうち、市長が定めるもの。その他、条例施行規則で定める。※具体的には条例施行規則で定めるが、平成22年の改正で、庁舎の電気管理業務及び保守点検業務、清掃業務、警備、電話交換、駐車場管理等に拡大。1000万円未満のみならず業務も拡大	・労働基準法第9条に規定する労働者のうち、受注者、下請事業者、派遣事業者に雇用され、専ら当該公契約に係る業務（自ら提供することに係る業務に限る）に従事する者・公契約の対価を得るため請負契約（自らが提供することにより請負の対価を得るため請負契約）に係る業務に従事する者（資材の調達、機械の持込みを自らは行わない者に限定）	以下を勘案して市長が定める。・工事等：公共工事設計労務単価（二省協定設計労務単価）・業務委託：野田市一般職職員給与、建設労働者標準労務単価、野田市が既に締結した業務委託契約に係る労働者の賃金等※具体的には条例施行規則で定める。どの種類の契約にどの基準を適用するかが規定されている。公共工事については、職種別に、平成23年度の額は次のように定められており、平成23年度の額は時給860円～3,020円業務委託：職種別に時給829円～1,480円	・市長は、労働者等への報告要求、立入検査が可能。是正措置が条例等に違反した場合、市長は立入検査等を行うことにより損害を受けた場合、受注者が条例に違反した場合は、契約解除が可能。・契約解除により市が損害を受けた場合、受注者は賠償しなければならない。
川崎市契約条例改正（平22.12制定）	市の事業又は事業の質の向上、地域経済の健全な発展を図り、市民の福祉の増進に寄与	・特定工事請負契約：予定価格6億円以上・特定業務委託契約：予定価格1000万円以上のうち、条例規則等で定めるもの、または指定管理者協定※市の指定出資法人及びPFI事業者が行う契約においては、指定出資法人及びPFI事業者は、条例市長の指針に準じた措置を講ずるよう努力義務あり。※川崎市契約規則は、警備、清掃業務、データ入力業務等も定めている。	・特定工事請負契約：労働基準法第9条に規定する労働者であって、公共工事に従事するもの又は、自らが請負契約等により対価を得るために公共工事に従事するもの・特定業務委託契約：労働基準法第9条に規定する労働者であって、労働者供給により公共工事に従事するもの	以下を勘案して市長が定める。・業務報酬審議会（公労使5名以内）の意見を聴かなければならない。・契約工事請負契約（公共工事設計労務単価（二省協定設計労務単価）の9割）が工事の種類ごとに適用されるもの）・特定業務委託契約：川崎市の職員に適用する平成23年度の額による980～3,320円（公共工事事業単価の9割）・業務委託：時給893円	・対象労働者に、支払われるべき作業報酬が支払われていない場合、市長に立入検査を申出可能・市長の立入検査・契約等の解除・受注者が条例に定める義務に従わない場合、その際、契約解除が可能。その際、市長は受注者に対し損害賠償責任を負わない。
公共工事賃金確保法（案）（平22.6提出）	公共工事の適正な施工の確保を図るとともに、良質な社会資本の整備、地域経済の健全な発展、民生の安定に寄与	公共工事（国または特殊法人等の発注者となる建設工事）	公共工事従事者・労働基準法第9条に規定する労働者であって、公共工事に従事するもの・主として自らが提供する労働の対価を得るため、当該公共工事に係る請負契約等により公共工事に従事する者	国土交通大臣は、毎年、公共工事に係る作業報酬の種類、区域ごとに、地域ごとに支払われるべき作業報酬の下限額（基準作業報酬額）を定める。当該作業に係る賃金の額を参考にし、あらかじめ厚生労働大臣の意見を聴かなければならない。	・国等は、受注者が契約の作業報酬の支払い義務を果たしていない場合、契約の解除可能、解除後3年間は当該受注者の競争入札への参加を排除可能。・各省庁の長は、作業報酬台帳の調査・作業従事者：基準額以上の作業報酬が支払われていない場合、発注者または国土交通大臣に申出可能。・労働基準監督官、国土交通省職員等が、支払われるべき報酬が支払われていない事実を都道府県労働局長に通知・請負契約が、契約に定める下限等に違反した場合、発注者である国等は、契約に定める違約金を請求できる。

（出典）各法案・条例（案）を基に筆者作成

図書館業務への公契約条例の適用状況

2015年7月1日現在

自治体名 (条例成立年)	業務委託 図書館業務の委託の有無	業務委託 公契約条例の適用の有無	指定管理制度 図書館業務の指定管理の有無	指定管理制度 公契約条例の適用の有無	備考
野田市 (2009)	×	—	○	○	中央館にあたる興風図書館は直営。他の3館に指定管理制度導入。公契約条例の適用対象。賃金最低額(図書館業務に従事する者:1,096円)は管理仕様書に明記されている。
川崎市 (2010)	○	×	×	—	
相模原市 (2011)	○	×	×	—	
多摩市 (2011)	○	○	×	—	唐木田図書館の業務の一部を委託。公契約条例の適用対象になっている。平成27年度労務報酬下限額は903円。
渋谷区 (2012)	○	×	×	—	
国分寺市 (2012)	×	—	×	—	
厚木市 (2012)	○	×	×	—	
足立区 (2013)	○	○	○	○	平成26年度労働報酬下限額は業務委託、指定管理ともに910円。
直方市 (2013)	×	—	○	※	現行の指定管理協定は条例施行前に締結されたため、未適用(現行の指定管理期間は2016年3月31日まで)。今後締結される指定管理協定には適用される。
三木市 (2014)	×	—	×	—	
千代田区 (2014)	×	—	○	※	現行の指定管理協定は条例施行前に締結されたため、未適用(現行の指定管理期間は2017年3月31日まで)。今後締結される指定管理協定には適用される。
高知市 (2014改正)	○	×	○	※	未施行(2015年10月1日施行)
我孫子市 (2015)	※	※	×	—	未施行(2015年10月1日施行)／移動図書館は民間委託を行っており、公契約条例が適用される。
加西市 (2015)	×	—	×	—	未施行(2015年9月1日施行)
加東市 (2015)	×	—	×	—	未施行(2015年10月1日施行)

凡例:○(図書館業務の委託・指定管理が実施されている／図書館業務に公契約条例が適用されている)
　　　×(図書館業務の委託・指定管理が実施されていない／図書館業務は公契約条例の適用対象でない)
　　　—(図書館業務の委託・指定管理が実施されていないため、当然に公契約条例が適用されていない)
　　　※(備考欄をみよ)
出所:各市区が公表している情報を基に、松井祐次郎(国立国会図書館調査及び立法考査局国会分館)作成。

（1）2015年度公契約条例適用範囲

2015年4月1日現在

自治体名（条例成立年）	工事契約	委託契約		指定管理
野田市（2009）	4000万円以上（※2014年度5000万円以上）	1000万円以上	1．予定価格1000万円以上の契約 ①市の施設の設備又は機器の運転又は管理　②保守点検　③市の施設の清掃　④電話交換、受付及び案内　⑤警備及び駐車場の整理　⑥野田市文化会館の舞台の設備又は機器の運転　⑦不燃物の処理施設の設備及び機器の運転その他の管理　⑧学校給食の調理及び運搬 2．市長が適正な賃金等の水準を確保するために特に必要があると認める契約 ①保健センター、関宿保健センター及び野田市急病センターの清掃	2012年10月3日以降に締結するすべての指定管理協定
川崎市（2010）	6億円以上	1000万円以上	①人的警備、駐車場管理　②建築物清掃、建築物環境測定、建築物空気調和用ダクト清掃、建築物飲料水水質検査、建築物飲料水貯水槽清掃、清掃建築物配水管清掃、建築物ねずみこん虫等防除、建築物環境衛生総合管理等　③道路清掃、下水道清掃、汚水処理施設清掃等　④電気・機械設備保守点検、エレベーター保守点検、消火設備保守点検、ボイラー維持管理、浄化槽保守点検、下水菅きょテレビカメラ調査、その他　⑤データ入力	すべての指定管理協定
相模原市（2011）	1億円以上（2014年度3億円以上）	500万円以上（2014年度1000万円以上）	①庁舎その他の建物及びその付帯施設の警備、清掃、設備運転監視又は案内　②給食の調理　③データ入力　④窓口受付　⑤①～④の業務を一部に含む業務	1指定管理者に雇用される者　2指定管理者とする契約額500万円以上の契約及び労働者派遣契約のうち、次の契約に係る作業に従事する者　①庁舎その他の建物及びその付帯施設の警備、清掃、設備運転監視又は案内　②給食の調理③データ入力④窓口受付⑤①～④の業務を一部に含む業務
多摩市（2011）	5000万円以上	1000万円以上	①市役所本庁舎等総合管理等　②公共下水道管渠調査清掃等　③小中学校他樹木管理等　④可燃物等収集運搬等　⑤移動教室及び合同実踏送迎バス借上等　⑥学童クラブ運営等　⑦いきがいデイサービス事業業務等　⑧地域活動支援センター事業業務　施設又は公園の管理業務　⑨市長が特別に認めた業務（多摩市立唐木田図書館開館業務、多摩市立学校給食センター南野調理所に係る調理）	複合文化施設、多摩中央公園内駐車場、永山駅駐輪場、多摩センター駅東駐輪場、多摩センター駅西駐輪場、温水プール、総合福祉センター、永山複合施設駐車場
渋谷区（2012）	1億円以上	1000万円以上（2015年度から適用）	①施設等の清掃　②保育施設運営　③給食調理	渋谷区公会堂、渋谷区特別養護老人ホーム、渋谷区高齢者在宅サービス（2015年度から適用）
国分寺市（2012）	9000万円以上	1000万円以上	①設備の保守点検　②施設・設備の管理（運転）　③施設管理（受付等（電話交換・自転車駐車場管理含む））　④施設の清掃　⑤ゴミ収集・運搬	①1000万円以上の指定管理　②指定管理者で公の施設の使用許可及び当該公の施設の維持管理を主たる業務とするもの
厚木市（2012）	1億円以上	1000万円以上	①庁舎の他の建物（その敷地を含む。）における清掃、警備、駐車場管理、受付、案内又は電話交換　②道路、公園その他の施設の清掃　③給食の調理	「厚木市老人憩いの家」を除く指定管理協定
足立区（2013）	1億円8000万円以上	9000万円以上	①庁舎その他施設における設備又は機器の運転又は管理　②庁舎その他施設における電話交換、受付及び案内　③その他区長が適当と認めるもの	区立保育園、都市農業公園、花畑公園桜花亭、元淵江公園・生物園、生涯学習センター、地域学習センター、区立図書館、地域体育館、中央本町プール、総合スポーツセンター、東綾瀬公園温水プール、竹の塚温水プール、千住本町小学校温水プール、文化産業劇場、西新井文化ホール、こども未来創造館
直方市（2013）	1億円以上	1000万円以上	①施設等の管理運営　②施設等の清掃　③施設等の警備　④一般廃棄物収集・運搬　⑤学童保育所運営　⑥学校給食調理　⑦窓口　⑧外国語指導	①予定価格1000万円以上②予定価格に対して、人件費の占める割合が概ね7割以上の指定管理者協定。体育施設、文化施設、公園管理
三木市（2014）	5000万円以上	1000万円以上	①庁舎清掃、警備、駐車場管理、受付、案内又は電話交換　②道路、公園その他の施設清掃、給食の調理	1000万円以上の指定管理協定
千代田区（2014）	1億5000万円以上	3000万円以上	①施設管理　②給食調理　③警備、車両運行　④清掃　⑤廃棄物、資源等回収　⑥窓口、管理	すべての指定管理協定
高知市（2014改正）	1億5000万円以上	500万円以上	2015年10月1日施行	すべての指定管理協定
我孫子市（2015）	1億円以上	2000万円以上	2015年10月1日施行	市長・教育長が必要と認めるもの
加西市（2015）	5000万円以上	1000万円以上	2015年9月1日施行	1000万円以上の指定管理協定のうち市長が必要と認めたもの

資料：各市・区の公契約条例に関する「手引」等を元に公益社団法人神奈川県地方自治研究センター勝島作成。

(2)2015年度公契約条例労働報酬(賃金)下限額

2015年4月1日現在

自治体名	工事契約 基準・賃金・報酬額	委託業務契約 基準	委託業務契約 賃金・報酬下限額	指定管理
野田市	公共工事設計労務単価(2015年2月改訂額)×85%　※2012年度まで80%→2013年度から85%	建築保全業務労務単価	施設の設備又は機器の運転又は管理に関する契約(2013年1490円→2014年1550円→2015年同)、施設の設備又は機器の保守点検に関する契約(2013年1490円→2014年1550円→2015年1550円)	仕様書等に職種ごとに定める額
			施設の警備及び駐車場の整理に関する契約(2013年1000円→2014年1120円→2015年1130円)	
		野田市一般職給料表	施設の清掃に関する契約及び保健センター、関宿保健センター 及び野田市急病センターの清掃に関する契約(2013年829円→2014年829円→2015年849円)	
		既に契約した契約に係る賃金等	施設の電話交換、受付及び案内に関する契約(2013年1000円→2014年1000円→2015年1000円)、野田市文化会館の舞台の設備又は機器の運転に関する契約(2013年1000円→2014年1000円→2015年1000円)	
		職種ごとに定める額	事務員補助(2013年830円→2014年830円→2015年850円)、プラント保安要員・中央操作員・重機オペレーター(2013年1490円→2014年1550円→2015年1550円)、計量業務員(2013年830円→2014年830円→2015年850円)、プラットフォーム作業員(2013年1090円→2014年1120円→2015年1130円)、手選別作業員(2014年860円→2015年938円)、手選別作業員(障がい者等)(千葉県最賃798円)、清掃作業員・除草作業員(2013年829円→2014年829円→2015年849円)、給食調理員・給食配膳員(2013年829円→2014年829円→2015年849円)、給食配送員(2013年935円→2014年935円→2015年957円)、給食設備管理員2013年(1490円→2014年1550円→2015年1550円)	
川崎市	公共工事設計労務単価(2015年2月改訂額)×90%	生活保護	2011年893円→2012年899円→2013年907円→2014年907円→2015年910円	同左
相模原市	公共工事設計労務単価(2015年2月改訂額)×90%　※見習い労働者等および年金等受給者909円	神奈川県地域最賃(2014年度までは生活保護)	2012年885円→2013年885円→2014年890円→2015年909円	同左
多摩市	公共工事設計労務単価(2014年2月改訂額)×90%　※工事における熟練労働者以外の者988円	生活保護(2015年度に審議会で基準の見直し検討)	2012年903円→2013年903円→2014年903円→2015年903円	同左
渋谷区*1	公共工事設計労務単価(2015年2月改訂額)×90%　※見習い労働者等および年金等受給者は938円	職員給与条例(2015年度から)	2015年938円	同左(2015年度から)
国分寺市	公共工事設計労務単価(2014年2月書改訂額)×90%	賃金構造統計調査	2013年903円→2014年903円→2015年903円	同左
厚木市	公共工事設計労務単価(2015年2月改訂額)×90%　※見習い労働者等および年金等受給者911円	生活保護	2013年882円→2014年894円→2015年911円	同左
足立区	公共工事設計労務単価(2014年2月改訂額)×90%　※「熟練労働者以外の者」は設計労務単価の「軽作業員」の賃金(時給)の70%(1064円)	平成26年度足立区臨時職員単価(事務補助A)と同額	2014年910円→2015年930円	同左
直方市	公共工事設計労務単価(2015年2月改訂額)×80%	直方市行政職給料表1級5号給に定められた1時間当たりの金額を下回らない額	2014年826円→2015年839円	同左
三木市	公共工事設計労務単価(2014年2月改訂額)×90%　※見習い労働者等および年金受給者2015年830円	三木市職員高卒初任給月額相当額149800円に地域手当3%を加算した額の90%	2014年820円→2015年830円	同左
千代田区	公共工事設計労務単価(2015年2月改訂額)×85%	公的機関の指標等を勘案して得た額(職員給与・臨時職員等)	2014年938円→2015年938円	同左
高知市*2	検討中(2015年10月1日施行)	生活保護	検討中(2015年10月1日施行)	同左
我孫子市	検討中(2015年10月1日施行)	我孫子市臨時任用職員取扱要綱にさだめる事務補佐員および千葉県地域最賃	検討中(2015年10月1日施行)	同左
加西市	検討中(2015年9月1日施行)	加西市一般職職員給与条例第4条及び別表第4に定める額並びに市内の同種の労働者の賃金	検討中(2015年9月1日施行)	同左

資料: 本表は、各市・区の公契約条例に関する「手引」等を元に公益社団法人神奈川県地方自治研究センター勝島が作成した。
*1渋谷区は、2014年に条例改正し適用範囲を業務委託および指定管理に拡大。　*2高知市は、2014年に条例全面改正し、報酬下限額の規定を設けたいわゆる「公契約条例」となった。

	指定管理者制度の運用について 総行第15号 平成19年1月31日 総務省自治行政局行政課長＜行政体制整備室＞	平成20年度地方財政の運営について 総財財第33号 平成20年6月6日 総務事務次官通知	指定管理者制度の運用上の留意事項 平成20年6月6日 総務省自治行政局行政課	平成21年度地方財政の運営について 総財財第39号 平成21年4月24日 総務事務次官	指定管理者制度の運用について 総行第38号 平成21年12月28日 総務省自治行政局行政課長＜行政経営支援室＞
(前文)		第一 財政運営の基本的事項 1～3 (略) 4 地方分権改革、市町村合併及び行政改革の推進等 (8) 指定管理者制度の運用		第一 財政運営の基本的事項 1～3 (略) 4 地方分権改革、市町村合併及び行政改革の推進等 (8) 指定管理者制度の運用	これまでの通知に加え、下記の点に留意の上、改めて制度の適切な運用に努められるよう。
運用の理念	公の施設の管理及び指定管理者制度の運用にあたっては、既に指定管理者制度を導入している施設も含め、引き続き、下記の点に留意の上、運用されるようお願いします。	1 公の施設の管理について指定管理者制度を導入している施設については、平成15年度に導入されてから一定の期間を経過することから、その効果について、導入後5年を経過する施設が多いと見込まれることから、運用にあたっては以下の事項に留意し、検証及び見直しを行われたい。		公の施設の指定管理者を選定する際の基準設定に当たっては、公共サービスの水準の確保という観点が重要であることに留意し、指定管理の適切な態様が重要であることに留意し、その在り方について検証に見直しが行われたい。	1 指定管理者制度については、公の施設の設置の目的を効果的に達成するため必要があると認めるときに活用できる制度であり、個々の施設に対し、指定管理者制度を導入するかしないかを含め、幅広く地方公共団体の自主性に委ねる制度であること。
選定手続	2 指定管理者の選定手続については、透明性の高い手続きが求められることから、指定管理者の選定に当たっては、複数の申請者に事業計画書を提出させることとし、指定する際の基準に応じた手続等について適時に情報開示を行うこと等に努めること。	2 指定管理者の選定の際の基準設定に当たっては、公共サービスの水準の確保という観点が重要であること。	○指定管理者の選定過程に関する留意事項 指定管理者を選定する際の基準設定に当たって、事業者に事業計画書を提出させることとなっているが、特定の事業者を指定するものであり、単に説明責任を果たしているか ◇選定委員会のあり方は施設の行政サービス等に応じた専門家等が確保されているか ◇情報公開等が十分行われ、住民等から見て透明性が確保されているか		2 指定管理者制度は、公共サービスの水準の確保という公共サービスの提供を民間事業者等経営のノウハウを活用することにより、住民サービスの向上と経費の節減等を図ること目的とするものであり、各地方公共団体において施設の態様等に応じて適切に選定を行うこと。
指定期間			○指定管理者を指定する際の留意事項 指定管理者の指定の期間については、法令上の定めはないものの、公の施設の適切かつ安定的な運営の要請も勘案し、施設の設置目的や実情等を踏まえて指定すること。		3 指定管理者による管理が適切に行われているかどうかを定期的に見直す機会を設けるため、指定期間の指定は、期間を定めて行うこととされている。この期間については、法令上の定めはないものの、公の施設の適切かつ安定的な運営の要請から、各施設の状況等を勘案して指定すること。
指定管理者の評価			イ 当該施設の適切な評価を行うに当たっては、公共サービスの提供に当該施設の態様に応じ、当該施設の状況等に応じた専門的知見を有する外部有識者等の視点について導入することが重要であること。	○評価項目・配点等について客観性が確保されているか ◇モニタリングの数値が確保されているか ◇モニタリング・透明性について客観性が確保されているか ◇モニタリングに当たり、当該サービス等に応じた専門家等の意見を聴取しているか ◇評価結果に応じた適切な評価を実施しているか ◇評価結果について必要な情報公開が行われているか	4 指定管理者の指定の申請にあたっては、住民サービスに効果的・効率的に提供するため、幅広く民間事業者等から広く申請者を募ることが望ましく、複数の申請者に事業計画書を提出させることが望ましい。一方、利用者や住民からの評価を踏まえ、利用者や住民から再度指定している場合もあり、各地方公共団体において実情等を踏まえて適切に運用を行うこと。
協定記載事項	ウ 指定管理者との協定等には、施設の種別に応じた必要な体制に関する事項、リスク分担に関する事項、損害賠償責任に関する事項等をあらかじめ盛り込むことが望ましいこと。また、委託料については、積算に基づくものであること。		◇指定管理者との協定等における留意事項 指定管理者との協定等には、施設の種別に応じた必要な体制（物的・人的）に関する事項を定めているか ◇損害賠償責任の確保に関する事項を定めているか ◇（保険加入等） ◇指定管理者変更等に伴う事業の引継ぎに関する事項を定めているか ◇修繕費の支払について定められているか ◇自主事業の取扱いについて、委託料について、指定管理事業との区分が明確に定められているか		5 指定管理者制度を活用した場合でも、住民の安全の確保に十分配慮するとともに、指定管理者との協定等には、施設の種別に応じた体制に関する事項、リスク分担に関する事項、損害賠償責任の確保に関する事項等をあらかじめ盛り込むことが望ましいこと。

指定管理者制度の運用について 総行行第15号 平成19年1月31日 総務省自治行政局行政課長〈行政体制整備室〉	平成20年度地方財政の運営について 総財財第33号 平成20年6月6日 総務事務次官通知	指定管理者制度の運用上の留意事項 平成20年6月6日 総務省自治行政局行政課	平成21年度地方財政の運営について 総財財第39号 平成21年4月24日 総務事務次官	指定管理者制度の運用について 総行経第38号 平成22年12月28日 総務省自治行政局行政経営支援室
労働法令				6 指定管理者が労働法令を遵守することは当然であり、指定管理者の選定にあたっては当該指定管理者において労働法令の遵守や雇用・労働条件への適切な配慮がなされるよう、留意すること。
個人情報管理				7 指定管理者の選定の際に情報管理体制のチェックを行うこと等により、個人情報が適切に保護されるよう配慮すること。
委託料等のあり方		○委託料等の支出に関する留意事項 ○指定管理者に利益が出た場合の利益配分のあり方等を公募の際の条件としての可能な範囲で明示しているか ○地方公共団体側の事情で予算（委託料等）が削減された場合を想定し、指定管理者側と協議の場を設ける等適切な定めが協定等にあるか ○委託料の支出の基準（人的、物的能力等）等に応じた適切な積算がなされているか ○利用料金の設定にあたっては、住民に対するサービス提供のあり方を勘案し適正な料金となるよう留意しているか		8 指定期間が複数年度にわたり、かつ、地方公共団体から指定管理者に対して委託料を支出することが確実に見込まれる場合には、債務負担行為を設定すること。